Edna Cardozo Dias

Presidente honorária da Comissão de Direito dos Animais da OAB/MG, e membro consultora da Comissão de Proteção e Defesa dos Direitos dos Animais da OAB Nacional

Advocacia Animalista na Prática

Belo Horizonte – Minas Gerais
2021

ADVOCACIA ANIMALISTA NA PRÁTICA

ADVOCACIA ANIMALISTA NA PRÁTICA

© 2021
EDNA CARDOZO DIAS

Editor
Edna Cardozo Dias

Arte-final
Aderivaldo Sousa Santos

Revisão
Da Autora

FICHA CATALOGRÁFICA

Cardozo, Edna
  Advocacia Animalista na Prática / —
Edna Cardozo Dias: Belo Horizonte/Minas Gerais -
2021- 1ª edição.
134p.
ISBN: 9798594158351

1. I.Título.

Pedidos desta obra
Compras por internet site:
amazon.com.br e pela amazon.com:
e-mail: ednacardozo@gmail.com

Todos os direitos reservados

Homenagem

Esta obra é uma homenagem a

Doutor Raimundo cândido Jr, presidente da
Ordem dos Advogados do Brasil, seção de Minas Gerais e a

Doutora Helena Delamônica vice-presidente da
Ordem dos Advogados do Brasil, seção de Minas Gerais

Agradecimento

Agradeço ao Desembargador doutor Gilberto Passos de Freitas pela introdução do crime contra os animais na Lei de Crimes Ambientais.

Ao ex Deputado Fábio Feldman pela capítulo de Meio Ambiente na Constituição da República, e por fazer os animais titulares de direitos fundamentais.

Sumário

INTRODUÇÃO 7

CAPÍTULO I

DIREITO ANIMAL E A JUSTIÇA ANIMAL 13
1 - O ADVOGADO COMO PROTAGONISTA DA JUSTIÇA ANIMAL 13
2 - O JUDICIÁRIO COMO PROTAGONISTA DO DIREITO ANIMAL 18
3 - O MINISTÉRIO PÚBLICO COMO PROTAGONISTA DO DIREITO ANIMAL .. 21
4 - A POLÍCIA COMO PROTAGONISTA DO DIREITO ANIMAL 24
5- O TERCEIRO SETOR COMO PROTAGONISTA DA PROTEÇÃO ANIMAL . 25

CAPÍTULO II
PROCESSO LEGISLATIVO E A LEGISLAÇÃO EM DEFESA DOS ANIMAIS
E DO MEIO AMBIENTE 31

CAPÍTULO III
PROCESSO ADMINISTRATIVO E DIREITO ANIMAL 55

CAPÍTULO IV
ILÍCITO CIVIL, INQUÉRITO CIVIL E AÇÃO CIVIL PÚBLICA E
OS ANIMAIS 71

CAPITULO V
PROCESSO PENAL E MAUSTRATOS AOS ANIMAIS 85

ADVOCACIA ANIMALISTA NA PRÁTICA

CAPÍTULO VI
AÇÃO DIRETA DE INCONSTITUCIONALIDADE E O
OS ANIMAIS 95

CAPÍTULO VII
DIREITO DOS ANIMAIS 95

Introdução

Este livro pretende demonstrar a importância do advogado para a concretização dos direitos inerentes à vida em geral, para a efetividade dos direitos reconhecidos em Tratados Internacionais e leis, principalmente dos direitos dos animais. Fala do compromisso do advogado com a ética e valores universais em defesa da vida. Demonstra a relação do juramento do advogado com a defesa do meio ambiente e dos animais. Aponta a defesa do meio ambiente e dos animais como uma missão de todo advogado.

A advocacia é uma profissão essencialmente ligada à vida e ao direito à vida. A história da advocacia nos mostra que ela está indissoluvelmente ligada aos direitos inerentes ao conjunto de seres vivos. Os advogados sempre estiveram ao lado dos pensadores e filósofos na travessia dos umbrais da civilização rumo às transformações sociais.

Advogado é o profissional diplomado, regularmente inscrito na Ordem dos Advogados do Brasil – OAB, habilitado para exercer a profissão, defender a justiça, a vida e o direito a uma vida digna.

Desde os tempos mais remotos da história se registra a existência do advogado. Teria sido Péricles, em Atenas, o primeiro advogado, ou Antifronte (479 AC). No Brasil o primeiro advogado teria sido um degredado de nome Duarte Peres, que teria sido abandonado em Cananéia pela expedição

ADVOCACIA ANIMALISTA NA PRÁTICA

de Gaspar de Lemos em 1501 (SODRÉ Ruy Azevedo. Á Ética Profissional e o Estatuto do Advogado, São Paulo, LTr, 1975, p. 227). Na França, desde Carlos Magno (sec. IX) já existia a profissão de advogado.

O advogado sempre esteve presente no reconhecimento dos direitos consagrados em Tratados Internacionais e nas leis dos países. Ao longo dos tempos houve sempre uma participação preponderante dos advogados nos altos postos do governo.

O direito à vida sempre foi reconhecido como anterior aos interesses privados e aos demais direitos. A princípio só se discutiam os direitos humanos, e com a dinâmica socioambiental novas áreas e meios de atuação se abriram para os advogados. O advogado de hoje tem que estar comprometido com a vida em todas as suas manifestações.

Impõe-se ao advogado, como profissional e cidadão, o dever de atuar no sentido de colaborar para a efetivação dos direitos de cada um e de todos, sem se esquecer de contribuir para que cada cidadão e a sociedade como um todo não se esqueçam de praticar os deveres correspondentes.

O bem comum particular exige, sem dúvida, uma sinergia com o bem comum universal. Daí a imprescindibilidade de se reconhecer os direitos das outras espécies e os direitos dos outros seres como deveres de toda sociedade. A elaboração, promulgação e aplicação das leis são inseparáveis da advocacia. Ao advogado se estendeu o compromisso de ser a voz não apenas dos acusados ou injustiçados, mas o porta voz da natureza e da Terra.

RESPONSABILIDADE MORAL E ÉTICA DO ADVOGADO

O Direito tem uma dimensão moral que faz parte da dignidade humana. Todo advogado tem obrigação de agir dentro de uma ética social, pessoal e profissional. Do advogado se exige que tenha uma conduta que se coadune com os princípios universais da ética.

Todo advogado tem que ser ético. Não há possibilidade de se fracionar a ética. Não há uma ética pessoal e uma ética profissional. A ética tem que trazer no seu bojo valores universais de defesa da vida. A ética se aproxima cada vez mais das leis da vida. E toda legislação em defesa da vida deve estar respaldada no Biodireito, direitos humanos, direitos ao meio ambiente equilibrado e direito das outras espécies e dos animais. O advogado deve ser um dos maiores agentes do Biodireito e da defesa da vida.

O advogado, como outros profissionais liberais está submetido aos ditames de seu Código Deontológico. Dele também se espera um compromisso com a defesa da democracia, da cidadania, da moralidade pública, da justiça socioambiental e da paz.

O advogado deve pugnar pelo cumprimento das leis e interpretá-la sempre de acordo com seu fim socioambiental, preocupando-se sempre com o bem comum e planetário, com a os direitos de todos animais, humanos e não humanos.

RESPONSABILIDADE LEGAL E SOCIO AMBIENTAL DO ADVOGADO

A profissão da advocacia está regida, no Brasil, pela Lei n.º 8.906, de 4 de julho de 1994 – Estatuto da Advocacia e da OAB, que é garantia da autonomia individual do advogado. A lei em seus arts. 2º e 6º adota o princípio da imprescindibilidade do advogado como prestador de serviço público no exercício de sua função social. A presença do advogado no devido processo legal, na elaboração das leis e na constituição dos regimes políticos é fator inequívoco para observância dos Tratados Internacionais.

Tanto que o advogado, após se inscrever na OAB, é obrigado a prestar o seguinte juramento perante o Conselho

ADVOCACIA ANIMALISTA NA PRÁTICA

Seccional, a diretoria ou o conselho da Subseção:

Prometo exercer a advocacia com dignidade e independência, observar a ética, os deveres e prerrogativas profissionais, e defender a Constituição, a ordem jurídica do Estado democrático, os direitos humanos, a justiça social, a boa aplicação das leis, a rápida administração da justiça e o aperfeiçoamento da cultura e das instituições jurídicas." (Regulamento Geral do Estatuto da Advocacia e da OAB, art. 20).

Por este compromisso se apreende que o advogado, mesmo quando cobra seus honorários tem por compromisso a ética, a justiça social e sua meta é defender o direito à vida, o direito de toda vida, e consequentemente os direitos dos animais humanos e não humanos.

A luta pelo direito de viver dignamente e pela justiça socioambiental começa todos os dias. Existe sempre a urgência do novo em um mundo em transformação. O socialismo e o capitalismo não concretizaram os direitos humanos previstos nos Tratados assinados pelas Nações. A era da tecnologia rompeu com os valores sociais, trouxe a fome, os alimentos contaminados, os conflitos de terra, a repressão aos trabalhadores, a destruição da natureza, a exploração dos animais.

Todo advogado tem que agir em consonância com a garantia dos direitos dos animais humanos e não humanos e das liberdades fundamentais de todos os seres. Todo advogado comprometido com o bem social tem, pois, obrigações subjacentes, além das previstas no seu Código Deontológico. A visão ética do bem comum reside na integridade de toda comunidade terrestre. A ética tem que ser concebida numa visão holística, onde se inclua o respeito a tudo que vive.

O advogado comprometido com seu juramento terá que atuar nas questões das armas nucleares, das guerras, e na preservação do ar, da água, do solo, dos recursos naturais, dos animais, das plantas, das flores e das árvores, enfim, de toda biodiversidade. O advogado tem um valor político-jurídico indispensável ao atuar em defesa da vida e da garantida de uma vida digna, bem como quando atuar em prol de um planeta habitável e do direito dos animais não humanos de dividir o planeta com os humanos.

O reconhecimento a nível internacional dos animais humanos e não humanos e da proteção ambiental nos trouxe a noção de garantia coletiva e uma visão integrada de todos os direitos e fez do juramento do advogado um compromisso com a defesa da vida, do meio ambiente e dos animais. A defesa do meio ambiente e dos animais é uma missão universal do advogado que reconhece seu comprometimento com a ética suprema da sobrevivência das espécies, e seu dever de contribuir para a evolução da raça humana.

Edna Cardozo Dias
A autora

Capítulo I

DIREITO ANIMAL E A JUSTIÇA ANIMAL

1 - O ADVOGADO COMO PROTAGONISTA DA JUSTIÇA ANIMAL

A Constituição de 1988, em seu art. 133, consagrou o papel do advogado como indispensável à administração da Justiça. O Direito Animal é mais uma área de trabalho que surge para o advogado, com conceitos próprios e que oferece ao profissional a oportunidade concomitantemente em outros ramos do Direito como o processual, administrativo, civil e penal.

O Direito Animal é multidisciplinar e interdisciplinar. A advocacia animal exige a incorporação de saberes das diversas áreas do Direito.

Além da Constituição o advogado terá que trabalhar com a legislação infraconstitucional, que é esparsa.

Com a marcha ascensional da cultura e do progresso no Brasil, e estando a proteção animal ligada a vários ministérios, novas leis se fizeram necessárias, como o Código de Pesca (Lei 221 ,de 28 fevereiro de 1967), Lei de Proteção à Fauna (Lei 5.197, de 3 de janeiro de 1967, alterada e pela Lei 7. 653, de 12 de fevereiro 1988), Lei da Vivissecção (lei nº 11.794, de 8 de outubro de 2008.), Lei dos Zoológicos (Lei 7.173, de 14 de

ADVOCACIA ANIMALISTA NA PRÁTICA

dezembro de 1983), Lei dos Cetáceos (Lei 7.643, de 18 de dezembro de 1987), Lei da Inspeção de Produtos de Origem Animal (Lei 7.889, de 23 de novembro de 1989), Lei de Crimes Ambientais (Lei 9.605, de 12 de fevereiro de 1998).

Ao lado da lei federal é preciso conhecer os demais atos normativos aplicáveis em todo território nacional, editados não só pelo legislativo, mas pelo Executivo, como leis, leis complementares, decretos-lei, decretos, medidas provisórias, portarias e resoluções.

O advogado pode envolver-se com a área da consultoria, não só quando se tratar de dano animal, crime ou infração administrativa, mas na área cível considerando o animal com parte da célula familiar e nos conflitos de vizinhança. Pode o advogado ser contratado para exarar pareceres ou comparecer a reuniões privadas, públicas ou de conselhos, audiências públicas em que estejam sendo tratados os interesses do animal, ou simplesmente dar consultas sobre o tema.

Pode, ademais, atuar no contencioso acompanhando ações penais, ações civis públicas, ações de declaração de inconstitucionalidade de leis, inquérito civil ou penal. Existe a opção da advocacia pública, quando o advogado vocacionado pode ocupar cargos públicos em departamentos que tenham por competência a proteção da fauna. Os agentes públicos integrantes de órgãos ambientais exercem variadas tarefas. Podem elaborar respostas a consultas ou manifestações dirigidas ao órgão em que trabalha, emitir pareceres para fundamentar as decisões sobre recursos interpostos contra autos de infração, participar da intermediação nas negociações, participar em equipes e grupos de estudo, elaborar Nota Técnica em projeto de lei enviado pelo legislativo para pronunciamento do Executivo, entre muitas outras tarefas. A advocacia pública tem um encantamento especial, pois cada dia é diferente e merece uma dedicação especial, por envolver toda coletividade. Sai do âmbito particular para o interesse comum, da Nação e da coletividade. Pode contribuir para a construção de políticas públicas capazes de transformar velhos paradigmas em novos princípios rumo à evolução da humanidade.

O advogado ambientalista/animalista é todo aquele que trabalha em órgãos do Sistema Nacional de Meio Ambiente – SISNAMA, atuando nestas áreas. O advogado público exara pareceres nos procedimentos administrativos de licenciamento, de autorização, em autos de infração, dá formato jurídico às resoluções e deliberações dos conselhos ambientais, elabora convênios e contratos, dá suporte técnico durante as reuniões dos conselhos. Os órgãos da administração direta são representados em juízo pela advocacia da União ou Estado. Já as fundações e autarquias tem personalidade jurídica e seus procuradores podem representá-las em juízo.

O advogado público é obrigado a se inscrever na OAB e obedecer ao Estatuto da Advocacia da OAB e ao Código de Ética e Disciplina. Também o advogado público está obrigado a lutar pelo primado da justiça, ao invés de tentar agradar aos governantes para se manter no cargo. Está obrigado a pugnar pelo cumprimento da Constituição e pelo respeito às leis ambientais. A finalidade social da advocacia se caracteriza fortemente na aplicação do Direito Ambiental/animal, considerado bem de interesse comum de toda humanidade, e assim, o advogado público terá sempre que proceder com lealdade e boa fé. Não pode nunca ceder à pressão dos hierarquicamente superiores em detrimento das leis e do interesse público. Ele está sujeito a responder processo administrativo e disciplinar junto a OAB e pode, como já tem acontecido, ser interpelado pelo Ministério Público, quando age ilegalmente de má fé. O fato de a Administração Pública ter responsabilidade objetiva por atos praticados por seus agentes não exclui a responsabilidade dos mesmos, quando agirem com dolo ou culpa.

ADVOCACIA ANIMALISTA NA PRÁTICA

O legislador outorgou à OAB poder disciplinar sobre seus inscritos, esclarecendo que a jurisdição disciplinar não exclui a comum e quando fato constituir crime ou contravenção o fato deve ser comunicado às autoridades competentes.

Tanto que a Lei de Crimes Ambientais, Lei 9.605/1998 prevê, em seus artigos 66 e seguintes os crimes contra a administração ambiental. Entre eles responde o funcionário público por afirmação falsa ou enganosa, sonegação de dados técnicos ou científicos, a concessão de licença ambiental indevida, por obstar a fiscalização ambiental e por omissão no exercício da profissão.

Hoje estão lotados em órgãos ambientais, tanto os advogados que são servidores públicos ou função pública, como os consultores contratados em projetos contratados de fundações privadas, normalmente ligadas a faculdades, eximindo-se o Poder Público de proceder a concurso ou licitação para contratação do técnico. Esses consultores vão se perpetuando no serviço público com a contratação de novos projetos aparentemente diferentes, integrados pelos mesmos consultores, mas que na verdade continuam executando os mesmos serviços anteriormente executados. Só os projetos mudam sua versão para manter a contratação dos mesmos técnicos.

A área do Terceiro Setor é outra grande oportunidade para o advogado animalista não só no âmbito interno da ONG, mas em Juízo, em nome da qual pode propor Ação Civil Pública, atuar junto ao Ministério Público e nos procedimentos investigatório tanto do Ministério Público como da Polícia Civil.

Seja o advogado civilista, ambientalista, advogado público, todos podem captar uma clientela na área do Direito Animal.

Em resumo, um advogado animalista pode atuar nas seguintes áreas ou em uma delas:

• Assessoria animalista preventiva;

• Acompanhamento de procedimentos administrativos de licenciamento ou autorização administrativa quando exigível, renovação de licenciamento/autorização (Ex. criadouros conservacionista e animais da fauna silvestre), responder a processos de sanções administrativas;

• Participação na elaboração de estudos e relatórios e de planos de assistência a animais. Acompanhamento do cumprimento das condicionantes impostas pelo poder público ao empreendedor ou infrator;

• Assessoria e acompanhamento para celebração de Termo de Compromisso, junto ao órgão ambiental ou de saúde;

• Acompanhamento de defesa ou acusação em processos judiciais envolvendo infrações administrativas, ações civis públicas, ações por danos individuais e crimes contra a fauna;

• Assessoria e acompanhamento do Termo de Ajustamento de Conduta – TAC, junto ao Ministério Público;

• Elaboração de pareceres jurídicos sobre Direito Animal;

• Apoio técnico para análise e elaboração de normas de proteção aos animais, junto aos conselhos ambientais nas três esferas de governo;

• Apoio técnico para análise e elaboração de leis de proteção animal;

• Pesquisa de normas e leis de proteção ao animal de natureza internacional;

• Prestação de assessoria jurídica às sociedades civis sem fins lucrativos que tenham por fim a defesa do animal;

• Estruturação de Sistema de Meio Ambiente e proteção animal para Estados ou Municípios;

• Prestação de assessoria jurídica para elaboração e implantação de programas e políticas públicas para proteção

ADVOCACIA ANIMALISTA NA PRÁTICA

do animal;

● Elaboração de banco de dados em legislação animal;

● Manutenção de banco de dados para acesso dos clientes com as normas legais e técnicas de todas as unidades federativas do Brasil atualizadas regularmente;

● Auxílio para coordenação de cursos e seminários para empresas, estudantes e profissionais;

● Participação na elaboração de projetos ambientais e de defesa e proteção animal a serem contratados pelo Poder Público mediante licitação e projetos elaborados por Organizações Sociais de Interesse Público - OSCIPs para fins de obter financiamento;

● Mediação de conflitos relacionados ao Direito Animal.

2 - JUDICIÁRIO COMO PROTAGONISTA DO DIREITO ANIMAL

O Judiciário tem um papel importantíssimo, uma vez que é através dele que os direitos que sofrem lesão ou são ameaçados de sofrê-la podem ser apreciados e julgados.

Ao poder judiciário compete a interpretação de julgamento das causas. Segundo a CR a lei não excluirá da apreciação do Poder Judiciário lesão ou ameaça a direito. Ninguém será processado nem sentenciado senão pela autoridade competente. Seu funcionamento se dá por meio de instâncias. A primeira instância é o órgão que analisará e julgará inicialmente a ação apresentada ao Poder Judiciário. As decisões por ela proferidas poderão ser submetidas à apreciação da instância superior, composta por órgãos colegiados, garantido o duplo grau de jurisdição.

O Supremo Tribunal Federal (STF) é o órgão de cúpula de nosso ordenamento. O Superior Tribunal de Justiça (STJ) é o órgão incumbido, muito embora não explicitado pelo texto constitucional, da função principal de guardião da lei federal. Tem suas competências delimitadas no art. 105 da CF. Os Tribunais de Justiça (TJ), em grau recursal, e os Juízes de Direito tem sua competência, que possui caráter residual, estabelecida pelo artigo 125 da CF.

Aos Tribunais Regionais Federais (TRF), em grau recursal, e aos Juízes Federais os artigos 108 e 109 da CF estabeleceram a competência para julgamento daquelas causas as quais estiverem interessadas a União, empresas públicas federais, autarquias e fundações públicas nas condições de parte autora, ré, assistente ou oponente.

O Direito Processual Civil brasileiro adota uma tríplice configuração da capacidade processual (lato sensu): 1) capacidade de ser parte, 2) capacidade de estar em juízo (capacidade processual stricto sensu) e a 3) capacidade postulatória.

Os animais podem estar em Juízo por representatividade. O Decreto Federal 24.645, de 10/07/1934 (abraço a corrente de que está em vigor), em seu art. 2º, §3º estabelece que os animais serão representados em Juízo pelo Ministério Público e membros de associações protetoras de animais.

Assim como os incapazes os animais também são representados em Juízo pelos seus tutores. A norma federal, ao reconhecer o direito de representatividade, automaticamente já reconhece os animais como sujeitos assemelhados à pessoa humana e dotados de uma personalidade típica. Quando os direitos dos animais forem violados, o exercício da ação deve ser feito diretamente em seu favor por quem for legitimado processualmente para o mister. A Ação exige legitimação ad-causam, ou interesse processual e a possibilidade jurídica do pedido. O Ministério Público e as associações estão legitimados por lei para agir, e também os seus tutores. Algumas ações são

ADVOCACIA ANIMALISTA NA PRÁTICA

específicas para defesa dos animais, como Ação Penal (que permite que o animal seja defendido, inclusive por ato de seu tutor, possuidor ou proprietário), Ação Civil Pública, Ação Popular, Ação Cautelatória, Ação Indenizatória, conforme o caso.

O fato do Direito do Animal ser de interesse da coletividade confere a toda coletividade o dever, junto ao poder público de defendê-los. A CR adotou o princípio da participação comunitária com integração do Estado e da sociedade para defesa dos interesses ambientais/animais.

Tendo em vista que os juízes começam a admitir que animais têm capacidade de ser parte em juízo, por meio de assistentes ou representantes, com base no controverso Decreto 24.645/1934 torna-se necessário o desenvolvimento de uma dogmática processual que permita a operacionalização adequada dos novos direitos animais.

Vários juízes já reconheceram em suas sentenças os animais como sujeitos de direito. Os animais são detentores de direitos fundamentais (Constituição da República – art. 225, § 1º, inc. VII) e legais. Quatro estados do país aprovaram lei reconhecendo os animais como sujeitos de direitos. A de Minas Gerais, lei 23.724 de 18 de dezembro de 2020, estatui que "*os animais são reconhecidos como seres sencientes, sujeitos de direito despersonificados, fazendo jus a tutela jurisdicional em caso de violação de seus direitos, ressalvadas as exceções previstas na legislação específica.*".

Além de contribuir para formação de uma jurisprudência em favor dos animais o Judiciário tem sido responsável pela declaração de inconstitucionalidade de várias leis desfavoráveis aos animais. De grande importância foram as sentenças do Supremo Tribunal – STF sobre a Farra do Boi, as brigas de galo, as vaquejadas (que ensejou um retrocesso com a emenda constitucional 96/17, objeto de Ação Direta de Inconstitucionalidade -ADI 5728-, no STF).

Algumas jurisprudências que vale registrar:

RE nº 153.531 (Farra do Boi)

ADI nº 2514-7 (Rinha de Galo)

ADI nº 4983 (Vaquejada)

RE nº 494.601 (Sacrifício de Animais em Rituais Religiosos)

ADI nº 5996 (Proibição de Testes em Animais)

REsp nº 1.713.167 (Direito de Visita)

REsp nº 1.797.175 (Dignidade Animal)

REsp nº 1.783.076 (Animais em Condomínio)

Espera-se que o Judiciário faça da justiça animal uma de suas causas, pois a consciência jurídica se completa com a consciência ética.

3 - O MINISTÉRIO PÚBLICO COMO PROTAGONISTA DO DIREITO ANIMAL

A CR concedeu ao Ministério Público – MP, art. 127, a missão de ser a *"instituição permanente, essencial à função jurisdicional do Estado, incumbindo-lhe a defesa da ordem jurídica, do regime democrático, e dos interesses sociais e individuais indisponíveis".*

Em 1985 a Lei 7.347, que disciplinou a Ação Civil Pública - ACP, concedeu ao Ministério Público a competência para intervir na causa animal como titular da ACP e do Inquérito Civil. O Inquérito Civil surgiu como um procedimento administrativo exclusivo do Órgão Ministerial, que o instaura e preside, com finalidade de apurar a ocorrência e dano animal.

ADVOCACIA ANIMALISTA NA PRÁTICA

Foi um grande marco para os novos direitos, chamados direitos difusos, a introdução da Ação Civil Pública no nosso sistema processual. Com a lei 7.347/1985 o Judiciário ampliou a sua ação além dos interesses individuais para tutelar interesses supra individuais.

Além disso, pode o promotor de justiça celebrar acordo extrajudicialmente em matéria de Direito Animal, com força de título executivo, desafogando o aparelho judiciário. De certa forma o MP visando o princípio da celeridade acabou usando e abusando do Termo de Ajustamento de Conduta-TAC.

Isto sem prejuízo de sua atuação na área penal para repressão dos crimes contra os animais.

A Lei nº 8.625, de 12 de fevereiro de 1993, Lei Orgânica Nacional do Ministério Público, diz que o MP *"é instituição permanente, essencial à função jurisdicional do Estado, incumbindo-lhe a defesa da ordem jurídica, do regime democrático e dos interesses sociais e individuais indisponíveis"*. Ele tem como princípios institucionais a unidade, a indivisibilidade e a independência funcional.

São órgãos do Ministério Público (Lei nº 8.625/93):

Lei 8.625/93- Art. 5º São órgãos da Administração Superior do Ministério Público:

I - a Procuradoria-Geral de Justiça;

II - o Colégio de Procuradores de Justiça;

III - o Conselho Superior do Ministério Público;

IV - a Corregedoria-Geral do Ministério Público.

Art. 6º São também órgãos de Administração do Ministério Público:

I - as Procuradorias de Justiça;

II - as Promotorias de Justiça.

Foram criadas dentro do MP coordenadorias de meio ambiente. Em Minas Gerais, o Ministério Público criou a Coordenadoria de Defesa da Fauna- CEDEF, com a Resolução PGJ N.º 24, de 5 de dezembro de 2017. A Coordenadoria Estadual de Defesa da Fauna (CEDEF) é vinculada ao Centro de Apoio Operacional das Promotorias de Justiça de Defesa do Meio Ambiente, do Patrimônio Histórico e Cultural e da Habitação e Urbanismo (CAOMA). Tem como finalidade, em cooperação com as Promotorias de Justiça, adotar medidas legais, judiciais e extrajudiciais, necessárias à efetiva proteção da fauna.

Tem por competência:

I - identificar as prioridades específicas da ação institucional, mediante integração e intercâmbio com os órgãos públicos competentes, assim como com as entidades não governamentais; II - promover a efetiva mobilização dos órgãos de execução, objetivando uma atuação conjunta, uniforme e coordenada; III - elaborar e publicar roteiros de atuação, sem caráter vinculativo, e modelos de ações civis, penais, termos de ajustamento de IV - sugerir a elaboração de convênios com entidades e instituições públicas e privadas; V - promover encontros de especialização e atualização nas várias áreas do conhecimento associadas à proteção da fauna, em parceria com o Centro de Estudos e Aperfeiçoamento Funcional (CEAF); VI – instaurar Procedimento de Apoio à Atividade Fim (PAAF) para auxílio da atividade dos órgãos de execução e efetivação das atribuições previstas nos incisos anteriores; VII - promover a integração com a comunidade e estimular a participação desta na proteção e conservação da fauna local, em articulação com as Promotorias de Justiça envolvidas; VIII - exercer outras atividades correlatas que lhe forem delegadas.

ADVOCACIA ANIMALISTA NA PRÁTICA

4 - A POLÍCIA COMO PROTAGONISTA DO DIREITO ANIMAL

A Segurança Pública deve ser garantida pelos órgãos da Polícia Federal, Polícia Rodoviária Federal, Polícia Ferroviária Federal, Policias Civis, Militares e Corpos de Bombeiros.

Em matéria de Direito Animal a Polícia Federal e as Polícias Estaduais Civis atuam na investigação dos crimes praticados contra os animais, previstos na Lei 9605/98 entre outras leis que tipifiquem crimes contra a fauna.

À Polícia Civil Estadual compete a investigação, por meio da instauração de inquéritos policiais ou da lavratura de termos circunstanciados, do desenvolvimento de atividades lesivas aos animais ou prática de atos lesivos aos animais, cuja competência não seja do Departamento da Polícia Federal (art. 144, § 4º, d CR).

Com relação à Polícia Militar, a CR (art. 144) atribuiu-lhe a atividade de polícia ostensiva e a preservação da ordem pública, subordinando-as aos Governadores dos Estados ou do Distrito Federal. Segundo o Decreto 88.777/1983 o policiamento ostensivo diz respeito à ação policial exclusiva de polícias militares em cujo emprego o homem ou a fração de tropa engajados sejam identificados de relance, quer pela farda, equipamento, ou viatura, objetivando a ordem pública.

Ocorrendo o flagrante a Polícia Militar deve lavrar o Boletim de Ocorrência- BO para encaminhá-lo ao MP, Judiciário e órgãos ambientais.

Quando a legislação do Estado assim o permite a Polícia Militar pode fazer convênio com os órgãos ambientais e atuar de forma complementar como polícia administrativa. Muitos Estados já criaram a denominada Polícia Ambiental. Nesta hipótese a Polícia Ambiental torna-se integrante do SISNAMA. Quando existe essa delegação de competência, desde que haja previsão legal, a PM pode atuar preventivamente e repressivamente.

Os Municípios podem instituir sua guarda municipal para cooperar com as demais autoridades na questão animal.

5 - O TERCEIRO SETOR COMO PROTAGONISTA DA PROTEÇÃO ANIMAL

O Terceiro Setor é mais abrangente que o assistencialismo por se tratar de um movimento politizado. O Terceiro Setor possui estrutura formal fora do Estado, não tem fins lucrativos, é constituído por pessoas jurídicas de direito privado, cuja adesão é voluntária e produz bens e serviços socioambientais. Podemos citar como exemplos de organizações do Terceiro Setor as cooperativas, as associações e fundações privadas.

O Terceiro Setor é formado pelas entidades da sociedade civil, enquanto o Estado é formado pelo Primeiro Setor, e o Mercado pelo Segundo Setor.

As primeiras iniciativas ambientalistas e a criação de entidades em defesa da natureza seguiram uma corrente chamada conservacionista, composta de cientistas e cidadãos interessados em salvar os ecossistemas para uso e gozo da humanidade.

Depois da cúpula da ONU em Estocolmo (1972), surgiu a corrente que podemos chamar de preservacionista, que sonhava com o mínimo de interferência antrópica nos ecossistemas nativos.

Na corrente mais moderna, os ecologistas ou ambientalistas lutam por valores essenciais, como justiça social, não violência, respeito à natureza, responsabilidade, solidariedade com as gerações futuras.

Só na segunda metade da década de 80, o movimento ecológico atingiu seu apogeu, com o processo de

ADVOCACIA ANIMALISTA NA PRÁTICA

redemocratização do país. O movimento ecológico participou ativamente das diretas já e da redação da Constituição da República Federativa do Brasil. Nesta época o movimento de proteção animal iniciava sua politização e evoluiu e se fortaleceu na esteira do movimento ambientalista.

Foi, também, no início da década de 80 que foi criada a Liga de Prevenção da Crueldade contra o Animal - LPCA, que revolucionou o movimento de proteção animal, criando um programa educativo e estabelecendo contato estreito com as autoridades, o que acabou por politizar o movimento animalista e possibilitar o surgimento de um movimento animalista autônomo e forte. Fundada e presidida, por mim Edna Cardozo Dias, a LPCA trouxe para o Brasil uma nova plataforma de atuação além de abrigos de cães e gatos, para incluir questões como tráfico de animais, caça, pesca, animais de consumo, animais usados para experimentação, animais usados para diversão e lutas, além da proteção da população de animais urbanos. Isto inseriu a proteção animal, independente da natureza jurídica dos animais, doméstico ou silvestre, nos planos e programas das políticas públicas. Desde então a LPCA teve decisiva influência na modernização da legislação de proteção ao animal no país, tendo sido o direito animal agasalhado pela Constituição Federal e pela Lei de Crimes Ambientais.

Em 1984, a LPCA entrou em contato com Professor Jair Leonardo Lopes, presidente da comissão de revisão do Código Penal brasileiro, no Ministério da Justiça entregando-lhe um texto para inclusão dos atentados aos animais domésticos no referido código, no intuito de tornar tal infração um crime, ao invés de simples contravenção. Mas, isto só veio a se concretizar dez anos mais tarde, depois de intensa campanha desenvolvida pela entidade, quando foi criada uma comissão para redigir a Lei de Crimes Ambientais. Nesta ocasião a Liga entregou a mesma proposta ao Desembargador Gilberto Passos de Freitas, presidente da comissão, que inseriu o crime contra os animais na lei (com apoio do Ministro Hermann Benjamin, o relator), sendo hoje um crime praticar maus tratos contra os animais, sejam eles domésticos, exóticos, silvestres ou domesticados. A qualificação quando se tratar de crime contra cães e gatos veio acontecer em 2020, graças a PL do Deputado mineiro Fred Costa.

A Liga, desde o início ficou conhecida internacionalmente, devido a seu trabalho educativo, com o boletim SOS ANIMAL, o primeiro veículo de educativo sobre proteção animal no Brasil. Os boletins eram distribuídos gratuitamente via correio para outras entidades de proteção aos animais de todo pais, imprensa, professores, autoridades governamentais e não governamentais.

Como era na época a única obra de conscientização no Brasil sobre o sofrimento animal, em 1996 eu, Edna Cardozo Dias, resolvi sintetizar o tema no livro SOS ANIMAL que se transformou no primeiro grito abolicionista em favor dos animais no Brasil, abrindo consciências e reunindo cada vez mais adeptos para a causa. Este livro teve por escopo levar a humanidade a refletir sobre as atrocidades cometidas contra os animais nos esportes, entretenimento, na ciência, para fins alimentares, bélicos, e muitos outros. Sugere medidas legais e políticas públicas para melhorar a condição dos animais no mundo. Divulga palavras de escrituras sagradas e estudos científicos para minorar o sofrimento dos animais. E ao final orienta as pessoas de como defender os animais em Juízo, elencando as leis vigentes e apontando as autoridades competentes para receber denúncias, e ensina os remédios legais apropriados para essa defesa. Hoje o livro está disponível em E book e impresso na Amazon.com.

O Código Civil , Lei 10.406/2002, em seu artigo 44 considera pessoas jurídicas de direito privado, as associações, as sociedades e as fundações.

ADVOCACIA ANIMALISTA NA PRÁTICA

A existência legal de uma pessoa jurídica de direito privado se inicia com o registro do ato constitutivo, no respectivo registro, quando necessário deve haver autorização do Poder Executivo, sendo obrigatória a averbação de todas as alterações por que passar o ato constitutivo.

Associação é uma entidade de direito privado formada pela reunião de pessoas que se organizem para fins não econômicos. As fundações exigem um capital inicial para sua fundação e estão sujeitas ao controle do Ministério Público Estadual, a quem cabe o controle da gestão patrimonial.

As associações ou fundações serão representadas em juízo por quem os estatutos designarem, ou se este for omisso por seus diretores.

A criação é simples. No caso das associações os associados devem se reunir para elaboração, bem como a aprovação dos estatutos, cujo sumário deve ser publicado no Diário Oficial, bem como para a eleição da diretoria. Conforme já foi dito, a ata de fundação e o Estatuto devem ser registrados no Cartório de Pessoas Jurídicas. Depois disso a entidade deve ser cadastrada na Secretaria da Receita Federal, para obtenção do CNPJ- Cadastro Nacional de Pessoas Jurídicas.

O Estatuto é a lei orgânica ou regulamento de qualquer corpo coletivo, ou o conjunto de regras que orientam a vida de uma instituição. O Estatuto deve conter a denominação, os fins e a sede da associação bem como o tempo de sua duração; os requisitos para admissão, demissão e exclusão de associados; os direitos e deveres dos associados; as fontes de recursos para sua manutenção; o modo de constituição e funcionamento dos órgãos deliberativos; as condições para alteração das disposições estatutárias e sua dissolução.

Para criar uma fundação o seu instituidor deve fazer por escritura pública ou testamento, dotação especial de bens livres, especificando- o fim a que se destina, e declarando, se quiser, a maneira de administrá-la (art. 62 do Código Civil). A fundação somente poderá se constituir para fins religiosos, morais, culturais ou de assistência. De acordo com a vontade de seu instituidor aqueles a quem for cometido o encargo da aplicação do patrimônio deverão redigir seu estatuto submetendo-o à aprovação do Ministério Público. Um ou mais instituidores poderão constituir uma fundação pelas formas estabelecidas. Velará pelas fundações o Ministério Público do Estado onde situadas. Para que se possa alterar o Estatuto de uma fundação é preciso o quórum de dois terços de seus dirigentes, não contrariar ou desvirtuar o fim desta e a aprovação do Ministério Público.

O advogado pode ser contratado para ajudar na redação do estatuto, bem como para prestar assessoria jurídica para a ONG. Campo fértil de trabalho.

Biografia consultada

ACKEL, Diomar Filho. Direito dos Animais. Themis. São Paulo, 2001.

DIAS, Edna Cardozo. Tutela jurídica dos animais (2ª edição. 1ªEdição de 2000 da Mandamentos, esgotada) Produção independente, Amazon.com. Belo Horizonte, 2020.

DIAS, Edna. SOS ANIMAL. Liga de Prevenção da Crueldade contra o Animal, 1996. Disponível em Amazon.com

_____ *"Os animais como sujeitos de direitos".* in REVISTA BRASILEIRA DE DIREITO ANIMAL. Coordenação Santana Heron José de e Santana Luciano Rocha, editada por Instituto de Abolicionismo Animal. Jan/dez de 2006, pgs. 119-121.

_____ *Bioética e direito dos animais* in Bioética – reflexões interdisciplinares, livro organizado por SALLES,

ADVOCACIA ANIMALISTA NA PRÁTICA

Álvaro Ângelo. Maza edições, Belo Horizonte: 2010.

_____ O Terceiro setor e o meio ambiente. Revista do Instituto dos Advogados de Minas Gerais. Número 11, ano 2005, p. 167 a 183. Belo Horizonte- MG.

_____ Democracia, meio ambiente e movimentos sociais. Meio ambiente em Jornal. N° 173, set/out 2007. Belo Horizonte: Edirel Editora. Pg. 19.

_____O advogado ambientalista. Fórum de Direito Urbano e Ambiental. N.º 44. Março/abril 2009. Belo Horizonte: Editora Fórum, 2009, p. 15-19.

_____ O advogado do século XXI e o meio ambiente (virtual) Revista Âmbito Jurídico - *www.ambitojuridico.com.br/*. Publicado em 01/04/2010

N° 75 - Ano XIII - ABRIL/2010 - ISSN - 1518-0360

_____Sociedade Civil e Meio Ambiente in "Direito Ambiental: uma perspectiva ambientalista. Homenagem aos 30 anos da ASPAN. Organizadores: Maria Augusta Ferreira, Talden Farias, Lúcio Flávio Ribeiro Cirne. Editora Humanitas. Recife: 2011, pág. 17-29.

_____A Ordem dos advogados do Brasil, o advogado e a defesa do meio ambiente. Fórum de Direito Urbano e Ambiental - FDUA, Belo Horizonte, ano II, n.º 62, pg. 26-30, março/abril de 2012. Editora Fórum.

MILARÉ, Edis. Direito do Ambiente. Editora Revista dos Tribunais. São Paulo, 2011.

MINAS GERAIS- *https://defesadafauna.blog.br/wp-content/ uploads/2018/05/RESOLUCAO-PGJ-N-24-DE-5-DE-DEZEMBRO-DE-2017.pdf,* acessado em 1/1/2020.

Capítulo II

PROCESSO LEGISLATIVO E A LEGISLAÇÃO EM DEFESA DOS ANIMAIS E DO MEIO AMBIENTE

1 - INTRODUÇÃO

O Estado democrático que se configura como Estado constitucional e democrático na Carta de 1988 é um Estado Ambiental comprometido com a sustentabilidade ambiental, e está sujeito à observância de princípios ambientais e leis e normas ambientais. A partir de 1988 estamos sob a égide de um Estado de justiça sócio-ambiental.

Um dos mais expressivos princípios do Direito Ambiental é o princípio da prevenção. O princípio da prevenção se baseia numa atitude de antecipação, agir antes que ocorra o dano. A obediência a este princípio é obrigação não só do poder público, que deve adotar medidas que previnam efeitos ambientais indesejáveis, como é a atitude mais conveniente e mais econômica para o setor produtivo. Os grandes escritórios de advocacia ambiental concentram a maior parte de seus serviços na advocacia preventiva. Esta advocacia ambiental preventiva acompanha os processos de licenciamento ambiental das empresas e o cumprimento de suas condicionantes, acompanha o cumprimento da legislação ambiental pela empresa, e também todo processo legislativo da elaboração de

ADVOCACIA ANIMALISTA NA PRÁTICA

normas ambientais e estabelecimento de padrões ambientais. As grandes empresas contratam hoje profissionais para acompanhar os projetos de lei nas casas legislativas, e também as normas editadas pelos conselhos ambientais vinculados ao Poder Executivo. Imprescindível hoje que um advogado que pretenda militar nesta área conheça o processo legislativo, além de possuir habilitação técnica.

2 - ELABORAÇÃO DE NORMAS

A elaboração de normas obedece a princípios estabelecidos na Constituição Federal. A nossa Constituição adotou o Estado Democrático de direito. Ressalte-se que o Estado de direito só é de direito se for democrático, e só é democrático se for um Estado de Direito. A participação popular é outro importante princípio do Direito Ambiental. A sociedade civil e o setor produtivo tem legítimo direito ao acompanhamento das leis e normas ambientais, e também tem o mais legítimo direito de opinar e influenciar na confecção de tais normas.

A formação e organização do Estado, as suas regras, as garantias dos direitos fundamentais dependem de leis. Entre os princípios adotados estão a supremacia da constituição, a legalidade e o princípio do sistema hierárquico das normas que realizam a segurança jurídica.

A Constituição da República Federativa do Brasil (1988) em seu artigo 59 § único estabeleceu que a elaboração, redação, alteração e consolidação das leis se farão por lei complementar.

A iniciativa das leis complementares e ordinárias cabe a qualquer membro ou comissão da Câmara de Deputados ou do Senado Federal ou do Congresso Nacional. Cabe, ainda ao Presidente da República, ao Supremo Tribunal Federal, aos Tribunais Superiores, ao Procurador-geral da República e aos cidadãos.

A iniciativa popular pode ser exercida pela apresentação à Câmara dos Deputados de proposta de anteprojeto de lei subscrito por, no mínimo um por cento do eleitorado nacional, distribuído pelo menos por cinco estados com não menos de três décimos por cento dos eleitores de cada um deles.

O ato legislativo pode advir, pois, dos órgãos do legislativo, órgãos administrativos e órgãos jurisdicionais. O Poder Executivo tem funções políticas e administrativas, que se acham vinculadas à Constituição. A função política engloba funções legislativas regulamentares.

O artigo 59 § único da Constituição Federal está regulamentado pela Lei complementar n.º 95, de 26 de fevereiro de 1998, com as alterações introduzidas pela Lei Complementar 107, de 26 de abril de 2001, que estabelece os procedimentos de redação e consolidação das leis federais, assim como a tramitação dos projetos de lei, medidas provisórias e propostas de emenda constitucional no âmbito do executivo, antes de serem enviadas ao Congresso Nacional, e da sanção ou veto pelo Presidente da República.

A Lei complementar 95/1998 está regulamentada pelo Decreto 4.176, de 28 de março de 2002, que estabeleceu as normas de elaboração das leis e as técnicas de redação, visando clareza, precisão e ordem lógica.

A clareza pretende propiciar uma maior compreensão da linguagem técnica que possui padrões, próprios, a fim de que possa ser conhecida e compreendida pelo povo. A terminologia jurídica, entretanto, é indispensável para o raciocínio dos operadores do direito e dos magistrados. Para obtenção da clareza é preciso usar palavras e expressões em seu sentido comum, salvo quando a norma versar sobre assunto técnico; usar frases curtas e concisas; construir as orações na

ADVOCACIA ANIMALISTA NA PRÁTICA

ordem direta; buscar a uniformidade do tempo verbal e usar os recursos de pontuação de forma judiciosa.

A precisão pretende garantir a segurança do fenômeno jurídico. A redação não pode ser nem muito genérica e nem muito rígida, para que a norma possa ser aplicada a diferentes realidades. Para obtenção da precisão é preciso saber articular a linguagem técnica e comum; expressar uma ideia que for repetida por meio das mesmas palavras; evitar palavras que tenham duplo sentido; escolher palavras que tenham o mesmo significado em todo país; usar siglas consagradas pelo uso e grafar por extenso referências a números e percentuais.

Para facilitar uma busca a toda coletânea de leis pode-se adotar o índice sistemático, o índice alfabético-remissivo e o índice cronológico. Por isto as leis são numeradas.

Segundo o artigo 59 da Constituição o processo legislativo compreende a elaboração de:

I - emendas à Constituição;

II - leis complementares;

III - leis ordinárias;

IV - leis delegadas;

V - medidas provisórias;

VI - decretos legislativos;

VII - resoluções.

As emendas à Constituição tem sua numeração iniciada a partir da promulgação da Carta Magna.

As leis complementares, as leis ordinárias e as leis delegadas tem numeração em continuidade às séries iniciadas em 1946.

Os decretos de caráter normativo recebem numeração

seqüencial em continuidade às séries iniciadas em 1991, Já os decretos pessoais e os de provimento ou de vacância de cargo público pela data e ementa.

3 - A ESTRUTURA DA LEI

Estabeleceu a Lei Complementar 95/1998 que um projeto normativo deve ser estruturado em três partes:

I - parte preliminar, compreendendo a epígrafe, a ementa, o preâmbulo, o enunciado do objeto e a indicação do âmbito de aplicação das disposições normativas;

II - parte normativa compreendendo o texto das normas de conteúdo substantivo relacionadas com a matéria regulada;

III - parte final compreendendo as disposições pertinentes às medidas necessárias à implementação das normas de conteúdo substantivo, as disposições transitórias, quando for o caso, a cláusula de vigências e a cláusula de revogação, quando couber.

A epígrafe deve ser gravada com letra maiúscula. Ex.:

LEI 9.605, DE 12 DE FEVEREIRO DE 1998.
(Lei de Crimes Ambientais)

A epígrafe indica a parte superior do preâmbulo. Ela revela a categoria normativa (lei, decreto, etc.) e sua localização no tempo.

A ementa deve ser grafada por meio de caracteres que a realcem e explicitar, por meio de título o objeto da lei. Ex.:

Dispõe sobre as sanções penais e administrativas derivadas de condutas e atividades lesivas ao meio ambiente, e dá outras providências.

A ementa ajuda a deduzir os objetivos e o objeto da norma.

ADVOCACIA ANIMALISTA NA PRÁTICA

Em seguida vem a autoria e mandado de cumprimento.

Ex.:
O PRESIDENTE DA REPÚBLICA

Faço saber que o Congresso Nacional decreta e eu sanciono a seguinte Lei:

A epígrafe, a ementa e a autoria constituem o preâmbulo da lei, a parte inicial, que não faz parte do corpo ou texto, mas que serve para identificar a norma.

Em alguns países o preâmbulo é substituído por uma exposição de motivos. Muitas leis não tem exposição de motivos, mas indicam em seu primeiro artigo o seu objetivo.
Ex.:

Art. 1º Esta lei, com fundamento nos incisos VI e VII do art. 23 e no art. 225 da Constituição, estabelece a Política Nacional do Meio Ambiente, seus fins e mecanismos de formulação e aplicação, constitui o Sistema Nacional do Meio Ambiente (SISNAMA) e institui o Cadastro de Defesa Ambiental.
(Redação dada pela Lei nº. 8.028, de 12.04.90, LEI 6.938 DE 31 DE AGOSTO DE 1981. Dispõe sobre a Política Nacional do Meio Ambiente, seus fins e mecanismos de formulação e aplicação, e dá outras providências).

Ex.: *Art. 1º. Os animais de quaisquer espécies, em qualquer fase do seu desenvolvimento e que vivem naturalmente fora do cativeiro, constituindo a fauna silvestre, bem como seus ninhos, abrigos e criadouros naturais são propriedades do Estado, sendo proibida a sua utilização, perseguição, destruição, caça ou apanha.*

(LEI Nº. 5.197, DE 3 DE JANEIRO DE 1.967. Dispõe sobre a proteção da Fauna).

É preciso, ainda, que o âmbito de aplicação do ato normativo seja específico, tenha um único objeto (exceto nos casos de codificação) e não conter matéria estranha ao projeto.

No caso da Lei de Crimes Ambientais, que contem normas penais há uma compatibilização das penas segundo a natureza dos bens protegidos. Outra não foi a motivação da edição da Lei 9.605, de 12 de fevereiro de 1998.

Anteriormente, os artigos penais das normas ambientais estavam inseridos no bojo de leis específicas. As penas previstas nas diversas leis não eram harmônicas. Enquanto, os crimes contra os animais silvestres (a partir de 1988) eram inafiançáveis, a destruição de florestas era tipificada como contravenção pelo Código Florestal. A Lei de Crimes Ambientais veio uniformizar e compatilibilizar as penas para crimes ambientais.

O decreto 4.176/2002, que regulamenta a LC 95/1998 recomenda que a formulação de normas penais em branco sejam evitadas. Ou seja, não as proíbe. No Direito Ambiental, os padrões ambientais estabelecidos pelo CONAMA por meio de resoluções são indispensáveis à aplicação das leis, sendo inevitável a existência, no corpo da lei ambiental, de norma penal em branco.

4 - VIGÊNCIA E CONTAGEM DE PRAZO

O texto do projeto deve indicar de forma expressa a vigência do ato normativo. Ex.:

Art. 20. Esta Lei entrará em vigor na data de sua publicação.

(LEI 6.938 DE 31 DE AGOSTO DE 1981. Dispõe sobre a Política Nacional do Meio Ambiente, seus fins e mecanismos de formulação e aplicação, e dá outras providências).

5 - CLÁUSULA DE REVOGAÇÃO E FECHO

A cláusula de revogação deve relacionar de forma expressa, todas as disposições que serão revogadas com a entrada em vigor do ato normativo proposto. Ex.:

Art. 60. Revogam-se os arts. 5o e 6o da Lei no 4.771, de 15 de setembro de 1965; o art. 5o da Lei no 5.197, de 3 de janeiro de 1967; e o art. 18 da Lei no 6.938, de 31 de agosto de 1981.

(LEI No 9.985, DE 18 DE JULHO DE 2000. Regulamenta o art. 225, § 1o, incisos I, II, III e VII da Constituição Federal, institui o Sistema Nacional de Unidades de Conservação da Natureza e dá outras providências).

Segue-se o fecho. Ex.

Brasília, 18 de julho de 2000; 179o da Independência e 112o da República.

E a assinatura. Ex.:

MARCO ANTONIO DE OLIVEIRA MACIEL

José Sarney Filho

Publicado no D.O. de 19.7.2000

6 - ARTICULAÇÃO

A unidade básica de articulação é o artigo, indicado pela abreviatura "Art.", seguida de numeração ordinal até o nono e cardinal, acompanhada de ponto a partir do décimo. Os artigos podem desdobrar-se em parágrafos ou incisos, e estes em alíneas, que se desdobram em itens.

O texto do artigo inicia-se com letra maiúscula e termina em ponto. Nos casos em que se desdobra em incisos, com dois pontos. Ex.

CONSTITUIÇÃO FEDERAL - O CAPÍTULO DO MEIO AMBIENTE

Art. 225: Todos tem direito ao meio ambiente ecologicamente equilibrado, bem de uso comum do povo e essencial à sadia qualidade de vida, impondo-se ao Poder Público e à coletividade o dever de defendê-lo e preservá-lo para as presentes e futuras gerações.

§ 1º - Para assegurar a efetividade desse direito, incumbe ao Poder Público:

I - preservar e restaurar os processos ecológicos essenciais e prover o manejo ecológico das espécies e ecossistemas;

II - preservar a diversidade e a integridade do patrimônio genético do País e fiscalizar as entidades dedicadas à pesquisa e manipulação de material genético;

III - definir, em todas as unidades da Federação, espaços territoriais e seus componentes a serem especialmente protegidos, sendo a alteração e a supressão permitidas somente através de lei, vedada qualquer utilização que comprometa a integridade dos atributos que justifiquem sua proteção;

IV - Exigir na forma da lei, para instalação de obra ou atividade potencialmente causadora de significativa degradação do meio ambiente, estudo prévio de impacto ambiental, a que se dará publicidade;

V - Controlar a produção, a comercialização e o emprego de técnicas, métodos e substâncias que comportem risco para a vida, a qualidade de vida e o meio ambiente;

VI - promover a educação ambiental em todos os níveis de ensino e a conscientização pública para a preservação do meio ambiente.

VII - proteger a fauna e a flora, vedadas, na forma da lei, as práticas que coloquem em risco sua função ecológica, provoquem a extinção de espécies ou submetam os animais à crueldade.

Parágrafo 2º: Aquele que explorar recursos minerais fica obrigado a recuperar o meio ambiente degradado, de acordo com solução técnica exigida pelo órgão público competente, na forma da lei.

Parágrafo 3º: As condutas e atividades consideradas lesivas ao meio ambiente sujeitarão os infratores, pessoa física ou jurídica, a sanções penais e administrativas, independentemente da obrigação de reparar os danos causados.

Parágrafo 4º: A Floresta Amazônica brasileira, a Mata Atlântica, a Serra do Mar, o Pantanal Mato-Grossense e a Zona Costeira são patrimônio nacional, e sua utilização far-se-á, na forma da lei, dentro de condições que assegurem a preservação do meio ambiente, inclusive quanto ao uso dos recursos naturais.

Parágrafo 5º: São indisponíveis as terras devolutas ou arrecadadas pelo Estado, por ações discriminatórias, necessárias á proteção dos ecossistemas naturais.

Parágrafo 6º: As usinas que operem com reator nuclear deverão ter sua localização definida em lei federal, sem o que não poderão ser instaladas.

Parágrafo 7:º Para fins do disposto na parte final do inciso VII do § 1º deste artigo, não se consideram cruéis as práticas desportivas que utilizem animais, desde que sejam manifestações culturais, conforme o § 1º do art. 215 desta Constituição Federal, registradas como bem de natureza imaterial integrante do patrimônio cultural brasileiro, devendo ser regulamentadas por lei específica que assegure o bem-estar dos animais envolvidos.

O parágrafo único de um artigo deve ser indicado pela expressão "parágrafo único". Ex.

Art. 3º - As pessoas jurídicas serão responsabilizadas administrativa, civil e penalmente conforme o disposto nesta Lei, nos casos em que a infração seja cometida por decisão de seu representante legal ou contratual, ou de seu órgão colegiado, no interesse ou benefício da sua entidade.

Parágrafo único - A responsabilidade das pessoas jurídicas não exclui a das pessoas físicas, autoras, co-autoras ou partícipes do mesmo fato (Lei de crimes ambientais. LEI 9.605, DE 12 DE FEVEREIRO DE 1998).

O texto do parágrafo único e dos parágrafos inicia-se com letra maiúscula e termina com ponto, salvo no caos em que se desdobra em incisos, quando deve terminar com dois pontos (vide art. 225 da Constituição, § 1º com seus incisos).

Os incisos são indicados por algarismos romanos seguidos de hífen. O texto do inciso inicia-se com letra minúscula.

A alínea deve desdobrar-se em itens indicados por algarismos arábicos, seguidos de ponto e separados do texto por um espaço em branco.

O agrupamento de artigos se constitui em subseção; o de subseções em seção; o de seções em capítulo; o de capítulos em título; o de títulos em livro; e o de livros em parte.

7 - ALTERAÇÕES

A alteração de atos normativos far-se-á mediante reprodução integral em um só texto, quando se tratar de alteração considerável.

Pode ocorrer a revogação parcial, assim como a substituição, supressão ou acréscimo de dispositivo.

Uma lei já vigente pode ser alterada mediante

apresentação de um projeto de lei. Assim determina o art. 12 da Lei Complementar nº 95/98:

"*Art. 12. A alteração da lei será feita:*

I – mediante reprodução integral em novo texto, quando se tratar de alteração considerável;

II – mediante revogação parcial; (redação da Lei Compl. nº 107/2001)

III – nos demais casos, por meio de substituição, no próprio texto, do dispositivo alterado, ou acréscimo de dispositivo novo, observadas as seguintes regras:"

Exemplo: A conhecida Lei Sanção, Lei 14.064/2020, que alterou o art.32 da Lei de Crimes Ambientais, para qualificar o crime de abuso e maus tratos contra cães e gatos.

Art. 32. Praticar ato de abuso, maus-tratos, ferir ou mutilar animais silvestres, domésticos ou domesticados, nativos ou exóticos:

Pena - detenção, de três meses a um ano, e multa.

§ 1º Incorre nas mesmas penas quem realiza experiência dolorosa ou cruel em animal vivo, ainda que para fins didáticos ou científicos, quando existirem recursos alternativos.

§ 1º-A Quando se tratar de cão ou gato, a pena para as condutas descritas no caput deste artigo será de reclusão, de 2 (dois) a 5 (cinco) anos, multa e proibição da guarda. (Incluído pela Lei nº 14.064, de 2020)

§ 2º A pena é aumentada de um sexto a um terço, se ocorre morte do animal.

Em relação ao acréscimo de dispositivo vale ressaltar se faz mediante a utilização de letra maiúscula anexa ao número do dispositivo anterior. Novo exemplo:

Art. 79 - Aplicam-se subsidiariamente a esta Lei as disposições do Código Penal e do Código de Processo Penal.

Art. 79 - A - Para o cumprimento do disposto nesta Lei, os órgãos ambientais integrantes do SISNAMA, responsáveis pela execução de programas e projetos e pelo controle e fiscalização dos estabelecimentos e das atividades suscetíveis de degradarem a qualidade ambiental, ficam autorizados a celebrar, com força de título executivo extrajudicial, termo de compromisso com pessoas físicas ou jurídicas responsáveis pela construção, instalação, ampliação e funcionamento de estabelecimentos e atividades utilizadores de recursos ambientais, considerados efetiva ou potencialmente poluidores.

(DISPOSIÇÕES FINAIS LEI 9605/98)

Para facilitar a rápida compreensão do que foi alterado numa determinada norma por outra é necessária a inclusão no final do texto do artigo cuja redação foi alterada, a expressão NR (nova redação).

8- DISPOSIÇÕES GERAIS

Em princípio, as disposições gerais devem elencar artigos que contenham caráter geral, relacionados com o texto. Quando a lei é extensa as medidas de caráter geral podem ser reunidas e colocadas no final do ato com o rótulo de "Disposições finais".

9- Etapas da redação das leis

Em primeiro lugar verifica-se a matéria a ser normatizada e sua possibilidade jurídica. Em seguida pesquisa-se a legislação em vigor e a jurisprudência. Realizados os estudos preliminares elabora-se o projeto até chegar à sua redação final.

O Decreto 4.176/2002, que regulamenta a LC 95/1998, em seu artigo 33 dispõe que aos Ministérios e aos órgãos da Presidência da República cabe a proposição de atos normativos

ADVOCACIA ANIMALISTA NA PRÁTICA

de acordo com suas competências.

Via de regra os projetos referentes ao meio ambiente são amplamente discutidos no Conselho Nacional de Meio ambiente – CONAMA, órgão vinculado ao Ministério do Meio Ambiente composto por representantes do governo e da sociedade civil, onde ocorre a abertura para discussão e sugestões dos diversos segmentos da sociedade civil.

Á Casa Civil da Presidência da República compete examinar a constitucionalidade, o mérito, a oportunidade e a conveniência política do ato nos casos previstos no Decreto 4.176/2002.

O parecer jurídico final é emitido pela Subchefia para Assuntos Jurídicos da Casa Civil, no que se refere à constitucionalidade e legalidade do ato normativo.

10 - ENCAMINHAMENTO DE PROJETOS

As propostas de ato normativo são encaminhadas à Casa Civil por meio eletrônico, mediante exposição de motivos do titular do órgão proponente.

A exposição de motivos deve justificar e fundamentar a edição do ato normativo, a fim de oferecer elementos de convicção para que ele seja aprovado. Nesta fundamentação já deve ser apontada a sua constitucionalidade e legalidade para se prevenir eventuais questionamentos futuros. O documento deve fazer uma relação completa das normas que serão afetadas ou revogadas com o novo projeto, defendendo a necessidade ou conveniência do projeto proposto. As exposições de motivos de anteprojetos de lei e medidas provisórias são elementos importantes para a compreensão da vontade do legislador. Quando a norma envolver despesas é necessário se apontar a existência de dotação orçamentária.

As leis que exigem uma maior especialização, como foi o caso da edição da Lei de Crimes Ambientais, podem ensejar a constituição de uma comissão formada por especialistas.

A comissão de especialistas que redigiu a Lei de Crimes Ambientais foi constituída no governo Collor. Ela teve como relator o Ministro do STJ Antônio Herman Benjamin e como presidente o Desembargador Gilberto Passos de Freitas. O Ministro Nelson Jobim instituiu uma comissão mista com a participação de juristas de notório saber, a OAB de vários Estados, principalmente São Paulo, Rio e Santa Catarina. As associações civis sobre meio ambiente acompanharam o trabalho e mandaram sugestões, sendo muitas delas aceitas pela douta comissão. O trabalho final foi encaminhado ao Congresso pelo Senador Ancântara, como substitutivo ao projeto do Instituto Brasileiro de Meio Ambiente e Recursos Naturais Renováveis-IBAMA, a pedido do Ministro Nelson Jobim. Na Câmara de Deputados o projeto sofreu pressão de mineradores, industriais, madeireiros, proprietários rurais e muitos dispositivos originais foram alterados. O resultado foi a edição da Lei 9.605, de 12 de fevereiro de 1998, conhecida como Lei de Crimes Ambientais.

A critério do chefe da Casa Civil a consolidação de leis federais pode ser divulgada e submetida à consulta pública pelo prazo de trinta dias.

11- PODER LEGISLATIVO

O Poder Legislativo de competência da União é exercido pelo Congresso Nacional, composto pela Câmara de Deputados e pelo Senado Federal. A Câmara de Deputados compõe-se de representantes do povo, eleitos em cada estado, em cada Território e Distrito Federal. O Senado compõe-se de representantes do Estado e Distrito Federal, elegendo cada um três senadores. A cada uma das Casas do Congresso cabe

ADVOCACIA ANIMALISTA NA PRÁTICA

elaborar seu regimento interno, que normatiza a tramitação dos projetos de lei.

Com a sanção do Presidente da República o Congresso dispõe sobre as matérias elencadas no artigo 48 da Constituição Federal. Ele é composto de comissões temporárias e permanentes. Cabe às comissões estudar e examinar as proposiçoe[1]s de lei e apresentar pareceres.

Na Câmara de Deputados as comissões são criadas pelo Regimento Interno da Casa, composta por deputados renovados a cada ano, com a finalidade de discutir e votar os projetos de leis apresentados. As comissões emitem opinião técnica sobre o tema, e emitem pareceres antes de levar o projeto a Plenário. Algumas proposições não precisam ir ao Plenário. Atualmente, a Câmara de Deputados possui as seguintes comissões permanentes:

- *Comissão de Agricultura, Pecuária, Abastecimento e Des. Rural*
- *Comissão de Ciência e Tecnologia, Comunicação e Informática*
- *Comissão de Constituição e Justiça e de Cidadania*
- *Comissão de Cultura*
- *Comissão de Defesa Do Consumidor*
- *Comissão de Des. Econômico, Indústria, Comércio E Serviços*
- *Comissão de Desenvolvimento Urbano*
- *Comissão de Direitos Humanos e Minorias*
- *Comissão de Educação*
- *Comissão de Finanças e Tributação*
- *Comissão de Fiscalização Financeira e Controle*

- Comissão de Integração Nacional, Des. Regional e Amazônia
- Comissão de Legislação Participativa
- Comissão de Meio Ambiente e Desenvolvimento Sustentável
- Comissão de Minas E Energia
- Comissão de Relações Exteriores e de Defesa Nacional
- Comissão de Segurança Pública e Combate Ao Crime Organizado
- Comissão de Seguridade Social Família
- Comissão de Trabalho, Administração e Serviço Público
- Comissão de Turismo
- Comissão de Viação E Transportes
- Comissão o Esporte
- Comissão dos Direitos da Mulher
- Comissão dos Direitos da Pessoa Idosa
- Comissão dos Direitos das Pessoas com Deficiência

A questão ambiental passou a ter comissão própria com a edição da Resolução n. 20, de 2004, pela Câmara de Deputados, ocasião em que foi desmembrada da defesa do consumidor e minorias.

A competência de todas as Comissões Permanentes da Câmara está estabelecida no Art. 24 do Regimento Interno da Câmara dos Deputados, sendo que o Art. 32 delimita suas áreas temáticas. A da Comissão de Meio Ambiente e Desenvolvimento Sustentável é:

ADVOCACIA ANIMALISTA NA PRÁTICA

a) política e sistema nacional do meio ambiente; direito ambiental; legislação de defesa ecológica;

b) recursos naturais renováveis; flora, fauna e solo; edafologia e desertificação;

c) desenvolvimento sustentável.

FRENTES PARLAMENTARES

São associações de parlamentares de vários partidos para debater sobre determinado tema de interesse da sociedade. Para que seja constituída, a frente parlamentar deve registrar um requerimento, contendo:

- *Composição de pelo menos um terço de membros do Poder Legislativo;*
- *Indicação do nome da Frente Parlamentar; e*
- *Representante responsável por prestar as informações.*
- *Em fevereiro de 2019 foi recriada a Frente Mista em Defesa dos Animais. O grupo, formado por cerca de 200 deputados e senadores, visa defender os direitos dos animais da fauna brasileira e exótica.*

O Senado possui as seguintes comissões:

- *CAE - Comissão de Assuntos Econômicos*
- *CAS - Comissão de Assuntos Sociais*
- *CCJ - Comissão de Constituição, Justiça e Cidadania*
- *CCT - Comissão de Ciência, Tecnologia, Inovação, Comunicação e Informática*
- *CDH - Comissão de Direitos Humanos e Legislação Participativa*

- CDIR - Comissão Diretora do Senado Federal
- CDR - Comissão de Desenvolvimento Regional e Turismo
- CE - Comissão de Educação, Cultura e Esporte
- CI - Comissão de Serviços de Infraestrutura
- CMA - Comissão de Meio Ambiente
- CRA - Comissão de Agricultura e Reforma Agrária
- CRE - Comissão de Relações Exteriores e Defesa Nacional
- CSF - Comissão Senado do Futuro
- CTFC - Comissão de Transparência, Governança, Fiscalização e Controle e Defesa do Consumidor
- CCAI - Comissão Mista de Controle das Atividades de Inteligência
- CMCF - Comissão Mista de Consolidação da Legislação Federal
- CMCPLP - Comissão Mista do Congresso Nacional de Assuntos Relacionados à Comunidade dos Países de Língua Portuguesa
- CMCVM - Comissão Permanente Mista de Combate à Violência contra a Mulher
- CMMC - Comissão Mista Permanente sobre Mudanças Climáticas
- CMMIR - Comissão Mista Permanente sobre Migrações Internacionais e Refugiados
- CMO - Comissão Mista de Planos, Orçamentos Públicos e Fiscalização
- CPCMS - Representação Brasileira no Parlamento do

ADVOCACIA ANIMALISTA NA PRÁTICA

Mercosul

- *FIPA - Comissão Mista Representativa do Congresso Nacional no Fórum Interparlamentar das Américas*

A Constituição da República de 1988 adota o modelo e repartição de competência entre os órgãos governamentais. A CR separa a competência material da legislativa, A competência legislativa dos entes federados ficou assim distribuída:

- privativa ou exclusiva da União, art.22;
- dos Estados, art.. 25, §§1º e 2º;
- dos Municípios, art. 30, I;
- concorrente entre União, Estados e Distrito Federal, art. 24; sendo que a União estabelece normas gerais e os Estados e Distrito Federal suplementam;
- legislação suplementar dos municípios, art. 30, II.

12 - PROCESSO LEGISLATIVO

Processo legislativo é um conjunto de ações realizadas pelos órgãos do poder legislativo com o objetivo de proceder à elaboração das leis sejam elas constitucionais, complementares e ordinárias bem como as resoluções e decretos legislativos. São atos que compreendem a iniciativa, a emenda, a votação, a sanção e o veto, praticados pelos órgãos legislativos.

Inicia-se o processo legislativo com o encaminhamento à Câmara ou Senado de projeto de lei, sendo que á Câmara compete propor projetos de lei de iniciativa do Presidente da República, dos Tribunais superiores e dos cidadãos.

A discussão e votação do projeto de lei passa pela Câmara de Deputados e pelo Senado Federal ou vice-versa. Em ambas as Casas o projeto passa pelas comissões parlamentares permanentes, onde ocorre o estudo e recebe emendas. É usual a apresentação de emendas que acrescentem ou modifiquem o projeto. Quando a alteração é significativa é denominada substitutivo. A competência para propor essas emendas é do legislativo. A prática permite que pessoas interessadas na tramitação do projeto e no seu conteúdo apresentem a algum deputado uma sugestão de emenda, que poderá ou não ser apresentada pelo mesmo.

Na fase decisória a Câmara de Deputados opta pela aprovação ou rejeição do projeto. Após a aprovação por uma das Casas do Legislativo passa pela revisão da outra. Só depois dessa tramitação o projeto é encaminhado ao Presidente da República para sanção. Não precisam ser submetidos à sanção ou veto do presidente os projetos de emenda à Constituição, os decretos legislativos e as resoluções.

O Presidente da República pode vetar total ou parcialmente projetos de lei, caso os considere inconstitucionais ou contrários ao interesse público. O veto é apreciado pelo Congresso Nacional e só pode ser rejeitado pelo voto de maioria absoluta dos Deputados e Senadores, em escrutínio secreto.

Findo o trâmite o projeto é enviado ao Presidente da República para promulgação, ou seja, a publicação do ato, que vai informar a seus destinatários a existência dele.

13 - PRINCÍPIOS APLICÁVEIS AO PROCESSO LEGISLATIVO

O princípio da participação popular permite a cooperação entre Estado e sociedade para a resolução dos problemas ambientais. Os diversos grupos sociais podem e devem participar da implementação, formulação e execução da Política Nacional de Meio Ambiente. Para o cidadão comum é um

ADVOCACIA ANIMALISTA NA PRÁTICA

direito-dever e para o setor produtivo tornou-se uma sobrevivência econômica, já que todo empreendimento é obrigado a cumprir as leis ambientais para obter licença de operação e para concorrer no mercado. O princípio da participação popular encontra sua maior expressão no art. 225, caput, da Constituição Federal, quando ali se delega ao Poder Público e à coletividade o dever de defender e preservar o meio ambiente para as presentes e futuras gerações.

Os princípios da prevenção e da precaução e o da participação popular, agasalhados por nossa Constituição, vieram abrir este novo campo de trabalho para o advogado, a advocacia preventiva.

O advogado animailista inicia seu trabalho no acompanhamento da elaboração das normas, no cumprimento das normas, evitando-se sempre de se chegar ao litígio e à ocorrência do dano ambiental ou animal.

BIBLIOGRAFIA CONSULTADA

BRASIL-LEI COMPLEMENTAR N.95, DE 26 DE FEVEREIRO DE 1998.

BRASIL- DECRETO 4.176, DE 28 DE MARÇO DE 2002

BRASIL – Câmara de Deputados. *https://www2.camara.leg.br/atividade-legislativa/comissoes/comissoes-permanentes/cmads/atribuicoes,* acessado em 20 de novembro de 2020.

BRASIL -https://legis.senado.leg.br/comissoes/?0, acessado em 25 de novembro de 2020

BRASIL- Constituição da República. *http://www.planalto.gov.br/ccivil_03/constituicao/*

constituicaocompilado.htm. Acessado em 25de dezembro de 2020.

BRASIL- Lei 14.064, de 29 de setembro de 2020. http://www.planalto.gov.br/ccivil_03/_Ato2019-2022/2020/Lei/L14064.htm#:~:text=O%20PRESIDENTE%20DA%20REP%C3%9ABLICA%20Fa%C3%A7o,tratar%20de%20c%C3%A3o%20ou%20gato.

DIAS, Edna Cardozo. Processo legislativo e a legislação ambiental. Fórum de Direito Urbano e Ambiental – FDUA, Belo Horizonte, ano 7, n. 38, p.42-48, mar/abril.2008.

SILVA, José Afonso. Curso de Direito Constitucional Positivo, Malheiros Editores, São Paulo: 2008.

CARVALHO, Kildare Gonçalves. Técnica Legislativa. Del Rey, Belo Horizonte, 2001.

Capítulo III

PROCESSO ADMINISTRATIVO E DIREITO ANIMAL

O conceito de Direito Administrativo que melhor se aplica ao que vamos discorrer é o de Tito Prates da Fonseca:

"*É a disciplina jurídica reguladora da atividade do Estado, exceto no que se refere aos atos legislativos e jurisdicionais, à instituição dos órgãos essenciais à estrutura do regime, e à forma necessária à atividade destes órgãos*" (Lições de Direito Administrativo. Rio de Janeiro: Freitas Bastos, 1943, pág. 29).

O Direito Animal positivo, que vamos tratar neste livro, é o conjunto de regras e princípios que estabelecem os direitos fundamentais dos animais não humanos, considerados em si mesmos, independentemente da sua função ambiental ou ecológica.

Para Tagore Trajano de Almeida Silva o Direito Animal já desponta como um novo ramo do Direito:

"*A ciência jurídica assiste ao surgimento de um novo ramo do Direito, que se constitui por um sistema de normas e princípios forjados a partir do avanço ético e jurídico da sociedade. O Direito Animal parte do abandono da defesa da fauna como bem difuso e imaterial, em favor de uma visão que reconhece a individualidade do animal não humano e a importância da defesa dos seus interesses fundamentais, como valor autônomo, a partir de um olhar animalista do sistema jurídico. Com base em uma visão pós-humanista que redefine os elementos básicos da relação jurídica (sujeito, objeto e fato jurígeno), o Direito Animal enquadrar-se-ia dentro do campo do direito privado, estabelecendo uma personalidade natural para os animais não humanos"* (Tese de doutorado/UFBA, 2013).

1 - A ORGANIZAÇÃO ADMINISTRATIVA BRASILEIRA

O Estado se organiza por meio de leis e decretos. A fauna e o meio ambiente estão entre as competências do SISTEMA NACIONAL DE MEIO AMBIENTE – SISNAMA. A palavra sistema significa conjunto de partes coordenadas entre si. A finalidade do SISNAMA é estabelecer uma rede de agências governamentais, nos diversos níveis da Federação para implementar a Política Nacional de Meio Ambiente – PNMA.

O Decreto 10.455 de 11/08/2020 que aprovou a Estrutura Regimental e o Quadro Demonstrativo dos Cargos em Comissão e das funções de confiança do Ministério do Meio Ambiente e dos órgãos específicos singulares concedeu à Secretaria de Biodiversidade a atribuição, entre outras, da proteção e a defesa animal, inclusive dos domésticos. A questão animal está, pois, submetida ao poder de polícia da União, além dos estados e municípios, de acordo com suas legislações próprias, tendo como limite o disposto na Constituição.

O SISNAMA, nos dizeres do art. 6º da Lei 6.938, de 31.08.81 (Lei da Política Nacional de Meio Ambiente) constitui-se dos órgãos e entidades da União, dos Estados, do Distrito Federal, dos Territórios e dos Municípios, bem como as fundações instituídas pelo Poder Público, responsáveis pela proteção e melhoria da qualidade ambiental. São órgãos do SISNAMA:

O Ministério do Meio Ambiente – MMA é o órgão central do SISNAMA. A Lei 13.844, de 18 de junho de 2019, estabelece a organização básica dos órgãos da Presidência da República e dos Ministérios. Em sua área de competência está implementar e coordenar a Política Nacional de Meio Ambiente.

A Lei da PNMA estruturou o SISNAMA nos seguintes níveis político-administrativos:

CONSELHO DO GOVERNO: órgão superior com a função de assessorar o Presidente da República na formulação da política nacional e nas diretrizes governamentais para o meio ambiente e os recursos ambientais;

CONSELHO NACIONAL DE MEIO AMBIENTE – CONAMA: órgão consultivo e deliberativo com a finalidade de assessorar, estudar e propor ao Conselho de Governo, diretrizes de políticas governamentais para o meio ambiente e os recursos naturais e deliberar, no âmbito de sua competência, sobre normas e padrões compatíveis com o meio ambiente ecologicamente equilibrado e essencial à sadia qualidade de vida;

ÓRGÃOS EXECUTORES: o Instituto Brasileiro do Meio Ambiente e dos Recursos Naturais Renováveis - IBAMA e o Instituto Chico Mendes de Conservação da Biodiversidade - Instituto Chico Mendes, com a finalidade de executar e fazer executar a política e as diretrizes governamentais fixadas para o meio ambiente, de acordo com as respectivas competências;

ADVOCACIA ANIMALISTA NA PRÁTICA

ÓRGÃOS SECCIONAIS são os órgãos ou entidades estaduais responsáveis pela execução de programas, projetos e pelo controle e fiscalização de atividades capazes de provocar a degradação ambiental; cada Estado deve ter sua legislação própria, uma lei específica sobre proteção e defesa animal e um órgão, coordenadoria ou diretoria com competência para fiscalizar, abrir auto de infração e aplicar as sanções administrativas.

VI - ÓRGÃOS LOCAIS são os órgãos ou entidades municipais, responsáveis pelo controle e fiscalização dessas atividades, nas suas respectivas jurisdições; cada município deve ter sua legislação própria sobre defesa animal e um órgão, coordenadoria ou diretoria com competência para fiscalizar, abrir auto de infração e aplicar as penalidades administrativas.

2 - INFRAÇÃO ADMINISTRATIVA

Para se aplicar uma penalidade no âmbito administrativo é preciso que haja um ilícito, um dano animal, ou ato de abuso ou maus tratos previstos em lei. É necessária a ocorrência de um fato antijurídico, previsto pelo direito positivo, lesivo ao animal, seu tutor ou a coletividade.

O princípio da legalidade constitui uma limitação constitucional à atuação do Estado. Em matéria administrativa não é necessário a culpabilidade, esta não é imprescindível para caracterizar o tipo punível. No exercício do Poder de Polícia Administrativa o Poder-público goza de atributos peculiares como discricionariedade, a auto-executoriedade a coercibilidade.

A discricionariedade consiste no poder que tem o administrador de adotar tal ou qual solução, baseado nos critérios de oportunidade e conveniência não definidos pelo legislador.

A auto-executoriedade consiste no poder que se dá à administração de executar seus próprios atos, sem necessidade de recorrer ao Poder Judiciário. A coercibilidade é a possibilidade de a administração impor as medidas que vier adotar, inclusive, podendo valer-se de força pública, se necessário. Tem a administração o direito de executar a penalidade administrativa, aplicada com base na lei.

Por fim, ressalte-se, como já falado, a proteção animal pode ser executada pela União, Distrito Federal, Estado ou Município. Isto pode ocorrer por duas frentes de competências. A primeira é por meio do convênio ou por delegação de competência. A outra é pela competência originária com normas próprias, órgão ou setor capacitado, com técnicos com poder de fiscalização, autuação e instauração de procedimento ou processo.

3 - DANO ANIMAL

Dano animal é toda violação das leis que instituem os direitos dos animais, todo ato que causa sofrimento ao animal, que viola seus interesses ou sua dignidade.

Para o jurista norte americano David Favre, uma das maiores autoridades do Direito Animal na atualidade, o dano animal ocorre quando há violação intencional de um interesse fundamental de um animal. Percebe-se, facilmente, que hoje o conceito de ano animal extrapola o direito à vida e ao não sofrimento, e alcança a saúde, o bem-estar, a dignidade e o interesse animal.

Podemos buscar uma definição de maus-tratos no decreto 24.645/34, de vigência polêmica, ou tomar como parâmetro a Lei Estadual MG nº 22.231/16, que conceitua o comportamento ilícito como quaisquer ações ou omissões que atentem contra a

ADVOCACIA ANIMALISTA NA PRÁTICA

saúde ou a integridade física ou mental de animal, elencando, dentre as hipóteses, a prática de lesão ou agressão ao animal, causando-lhe sofrimento ou dano físico (art. 1º, II).

O Direito Animal está alicerçado no art. 225 da Constituição da República - CR de 1988 que delega ao Poder Público o *"dever de proteger a fauna e a flora, vedadas, na forma da lei, as práticas que coloquem em risco sua função ecológica, provoquem a extinção de espécies ou submetam os animais a crueldade".*

A CR, em seu art. 225 § 3º estatui que *"As condutas e atividades consideradas lesivas ao meio ambiente sujeitarão os infratores, pessoas físicas ou jurídicas, a sanções penais e administrativas, independentemente da obrigação de reparar os danos causados."*

A pessoa que transgride a legislação de proteção à fauna tem que responder administrativamente (processo administrativo), civilmente reparando o dano (ação civil pública) e penalmente (ação penal).

Todo dano animal, pois, sujeita o infrator a três tipos de penalidades, penal, civil e administrativa. A penalidade administrativa é aplicada pelo Estado no exercício de seu Poder Administrativo, ou seja, pelo Poder Executivo.

A Carta de 1988 adotou o princípio da repartição de Competência (arts. 18 a 43). O art. 23 estabelece o que é competência comum da União, dos Estados, do Distrito Federal e dos Municípios, nela incluída a proteção do meio ambiente, do qual o animal humano e o não humano fazem parte.

A Lei Complementar n. 140 veio regulamentar a repartição de competência entre os estados federados, fixando normas, nos termos dos incisos III, VI e VII do caput e do parágrafo único do art. 23 da Constituição Federal, para a cooperação entre a União, os Estados, o Distrito Federal e os Municípios nas ações administrativas decorrentes do exercício da competência comum relativas à proteção das paisagens naturais notáveis, à proteção do meio ambiente, ao combate à poluição em qualquer de suas formas e à preservação das florestas, da fauna e da flora.

Em relação à fauna, assim dispõe a Lei Complementar 140/2011:

Art. 7º São ações administrativas da União:

XVI - elaborar a relação de espécies da fauna e da flora ameaçadas de extinção e de espécies sobre-explotadas no território nacional, mediante laudos e estudos técnico-científicos, fomentando as atividades que conservem essas espécies in situ;

XVII - controlar a introdução no País de espécies exóticas potencialmente invasoras que possam ameaçar os ecossistemas, habitats e espécies nativas;

XVIII - aprovar a liberação de exemplares de espécie exótica da fauna e da flora em ecossistemas naturais frágeis ou protegidos;

XIX - controlar a exportação de componentes da biodiversidade brasileira na forma de espécimes silvestres da flora, micro-organismos e da fauna, partes ou produtos deles derivados;

XX - controlar a apanha de espécimes da fauna silvestre, ovos e larvas;

XXI - proteger a fauna migratória e as espécies inseridas na relação prevista no inciso XVI;

XXII - exercer o controle ambiental da pesca em âmbito nacional ou regional;

Art. 8º São ações administrativas dos Estados:

XVII - elaborar a relação de espécies da fauna e da flora ameaçadas de extinção no respectivo território, mediante laudos e estudos técnico-científicos, fomentando as atividades que conservem essas espécies in situ;

XVIII - controlar a apanha de espécimes da fauna silvestre, ovos e larvas destinadas à implantação de criadouros e à pesquisa científica, ressalvado o disposto no inciso XX do art. 7º;

XIX - aprovar o funcionamento de criadouros da fauna silvestre;

XX - exercer o controle ambiental da pesca em âmbito estadual;

4 - DEFESA PERANTE A ADMINISTRAÇÃO

O direito à defesa encontra-se assinalado no art. 5º, inc. LV da CR. As autoridades administrativas competentes em matéria ambiental são as previstas na lei de PNMA, ou as previstas nas leis municipais ou estaduais. O rito procedimental deve estar previsto na lei, nas portarias ou instruções normativas. O auto de infração dá início ao procedimento administrativo. De regra é lavrado de ofício pela autoridade administrativa ou agente encarregado da fiscalização. A defesa será de acordo com o rito processual traçado e prazos previstos na norma pertinente, que varia em razão da pessoa jurídica que efetuou a autuação. A própria norma aponta a autoridade a quem recorrer.

Os recursos administrativos são uma garantia do Estado Democrático de Direito. São voluntários quando provocados pelo particular, o hierárquicos quando interpostos pela autoridade que proferiu a decisão para a instância administrativa superior. Estes são conhecidos como "de ofício", e são cabíveis quando a norma os torne obrigatórios.

Considera-se infração administrativa animal toda ação ou omissão que viole as regras jurídicas de proteção e defesa do animal. O desrespeito à dignidade animal, à integridade do animal, à sua saúde e ao seu bem - estar.

A responsabilidade administrativa tem por objeto a aplicação das penas, que não fazem parte do Direito Penal, porque são aplicadas pelo Estado na sua função administrativa.

Na esfera federal segundo a Lei 9.605, de 12 de fevereiro de 1998, que dispõe sobre as sanções penais e administrativas derivadas de condutas e atividades lesivas ao meio ambiente, as sanções administrativas para as infrações contra a fauna, seja ela silvestre, nativa, exótica ou doméstica, estão previstas na Lei n. 9.605/98, regulamentada pelo Decreto n. 6.514/08, em seus arts. 24 a 42 (Seção III, Das Infrações Administrativas Cometidas contra o Meio Ambiente, Subseção I, Das Infrações contra a Fauna). Note-se que a multa, quando o dano atinge mais de um animal é aplicada por indivíduo, conforme art. 29 do Dec. 6.514/2008. A multa estabelecida para abuso e maus-tratos no decreto é de R$ 500,00 reais a R$ 3.000,00 por indivíduo.

Prescreve em cinco anos a ação da administração objetivando apurar a prática de infrações contra o animal, contada da data da prática do ato, ou, no caso de infração permanente ou continuada, do dia em que esta tiver cessado (art. 21 do Decreto n. 6.514/08). Considera-se iniciada a ação de apuração da infração ambiental (animal) pela administração com a lavratura do auto de infração. Quando o fato objeto da infração também constituir crime, a prescrição reger-se-á pelo prazo previsto na lei penal. A prescrição se interrompe nos casos previstos no art. 22 do Dec. 6.514/2008.

ADVOCACIA ANIMALISTA NA PRÁTICA

O art. 72 da Lei n. 9.605/98 enumera os tipos de sanções aplicáveis ás infrações administrativas:

Art. 72. As infrações administrativas são punidas com as seguintes sanções, observado o disposto no art. 6º:

I - advertência;

II - multa simples;

III - multa diária;

IV - apreensão dos animais, produtos e subprodutos da fauna e flora, instrumentos, petrechos, equipamentos ou veículos de qualquer natureza utilizados na infração;

V - destruição ou inutilização do produto;

VI - suspensão de venda e fabricação do produto;

VII - embargo de obra ou atividade;

VIII - demolição de obra;

IX - suspensão parcial ou total de atividades;

X – (VETADO)

XI - restritiva de direitos.

§ 1º Se o infrator cometer, simultaneamente, duas ou mais infrações, ser-lhe-ão aplicadas, cumulativamente, as sanções a elas cominadas.

§ 2º A advertência será aplicada pela inobservância das disposições desta Lei e da legislação em vigor, ou de preceitos regulamentares, sem prejuízo das demais sanções previstas neste artigo.

§ 3º A multa simples será aplicada sempre que o agente, por negligência ou dolo:

I - advertido por irregularidades que tenham sido

praticadas, deixar de saná-las, no prazo assinalado por órgão competente do SISNAMA ou pela Capitania dos Portos, do Ministério da Marinha;

II - opuser embaraço à fiscalização dos órgãos do SISNAMA ou da Capitania dos Portos, do Ministério da Marinha.

§ 4° A multa simples pode ser convertida em serviços de preservação, melhoria e recuperação da qualidade do meio ambiente.

§ 5º A multa diária será aplicada sempre que o cometimento da infração se prolongar no tempo.

§ 6º A apreensão e destruição referidas nos incisos IV e V do caput obedecerão ao disposto no art. 25 desta Lei.

§ 7º As sanções indicadas nos incisos VI a IX do caput serão aplicadas quando o produto, a obra, a atividade ou o estabelecimento não estiverem obedecendo às prescrições legais ou regulamentares.

§ 8º As sanções restritivas de direito são:

I - suspensão de registro, licença ou autorização;

II - cancelamento de registro, licença ou autorização;

III - perda ou restrição de incentivos e benefícios fiscais;

IV - perda ou suspensão da participação em linhas de financiamento em estabelecimentos oficiais de crédito;

V - proibição de contratar com a Administração Pública, pelo período de até três anos.

A lei 9605 está regulamentada pelo Decreto 6514, de 22 de julho de 2018, que dispões em se artigo 3º:

Art. 3º As infrações administrativas são punidas com

ADVOCACIA ANIMALISTA NA PRÁTICA

as seguintes sanções:

I - advertência;

II - multa simples;

III - multa diária;

IV - apreensão dos animais, produtos e subprodutos da fauna e flora e demais produtos e subprodutos objeto da infração, instrumentos, petrechos, equipamentos ou veículos de qualquer natureza utilizados na infração;

V - destruição ou inutilização do produto;

VI - suspensão de venda e fabricação do produto;

VII - embargo de obra ou atividade e suas respectivas áreas;

VIII - demolição de obra;

IX - suspensão parcial ou total das atividades; e

X - restritiva de direitos.

§ 1º Os valores estabelecidos na Seção III deste Capítulo, quando não disposto de forma diferente, referem-se à multa simples e não impedem a aplicação cumulativa das demais sanções previstas neste Decreto.

§ 2º A caracterização de negligência ou dolo será exigível nas hipóteses previstas nos incisos I e II do § 3o do art. 72 da Lei no 9.605, de 12 de fevereiro de 1998.

Art. 4º O agente autuante, ao lavrar o auto de infração, indicará as sanções estabelecidas neste Decreto, observando

I - gravidade dos fatos, tendo em vista os motivos da infração e suas consequências para a saúde pública e para o meio ambiente;

II - antecedentes do infrator, quanto ao cumprimento da legislação de interesse ambiental; e

III - situação econômica do infrator.

§ 1º Para a aplicação do disposto no inciso I, o órgão ou entidade ambiental estabelecerá de forma objetiva critérios complementares para o agravamento e atenuação das sanções administrativas.

§ 2º As sanções aplicadas pelo agente autuante estarão sujeitas à confirmação pela autoridade julgadora

No âmbito federal as autoridades competentes para lavrar auto de infração ambiental e instaurar processo administrativo são os fiscais de órgãos do Sistema Nacional do Meio Ambiente (SISNAMA). Qualquer pessoa que constate a infração poderá dirigir representação a estas autoridades, que, ao tomarem conhecimento, são obrigadas a promover apuração imediata, sob pena de corresponsabilidade.

A forma de apurar as infrações é o processo administrativo, assegurado o direito de ampla defesa. O infrator tem o prazo de vinte dias para oferecer sua defesa, e mais vinte da decisão condenatória à instância superior do SISTEMA NACIONAL DE MEIO AMBIENTE- SISNAMA. Já a autoridade tem o prazo de trinta dias da data da lavratura do auto de infração para julgar o processo, independentemente de haver defesa ou impugnação.

Quando condenado ao pagamento de multa, o infrator tem o prazo de cinco dias para fazê-lo. A imposição da multa se baseia na unidade, hectare, metro cúbico, quilograma ou outra medida pertinente do objeto jurídico lesado, bem como a situação econômica do infrator. Como explanado acima a multa aplicável às infrações contra a fauna se baseia em indivíduo ou indivíduo por espécie no caso de fauna silvestre.

ADVOCACIA ANIMALISTA NA PRÁTICA

A multa simples pode ser convertida em serviços. As sanções restritivas de direito são a suspensão de registro, licença ou autorização; cancelamento do registro; perda ou restrição de benefícios fiscais; perda ou suspensão da participação em linhas de financiamento em estabelecimento oficiais de crédito; e proibição de contratar com a Administração Pública pelo período de até três anos. Se o infrator cometer mais de uma infração, as penas serão cumulativas.

Para cobrança de uma multa não paga a administração necessita recorrer à via judicial, através de execução fiscal. O particular, também, pode recorrer à via judicial caso não tenha sucesso em sua defesa perante a administração.

O que se conclui é que a sanção administrativa impõe ao infrator o cumprimento de uma obrigação de dar, de fazer ou de não fazer. Elas nascem em virtude da lei e se extinguem através de formas variadas: o cumprimento, a execução voluntária da decisão administrativa, a execução forçada da decisão administrativa, a transação. Não existe na lei previsão por morte no caso de infração administrativa, assim não há como impor aos sucessores a obrigação de responder por uma infração que não cometeram.

De tudo que foi dito apreende-se que a sanção administrativa precisa ter seu fundamento em lei seja federal, estadual ou municipal. O que não se admite é que uma portaria ou resolução crie uma figura infracional e imponha multa. Estas só podem prever o quantum da multa. A falta administrativa precisa ser apurada em procedimento próprio. Cada pessoa jurídica deve fixar suas próprias regras. Além dos princípios da legalidade, impessoalidade, moralidade, eficiência e publicidade, previstos na CR, a Administração deve obedecer aos princípios da lealdade, boa-fé, razoabilidade e proporcionalidade. A probidade administrativa é exigida da

Administração em todos os seus setores. As entidades que compõem o SISNAMA devem agir de forma harmônica e cooperativa e cabe a seus agentes, na qualidade de gestores do patrimônio faunístico, o dever fundamental de aplicar a legislação em consonância com os direitos fundamentais do animal, a senciencia animal e a dignidade animal.

BIOGRAFIA CONSULTADA

ALMEIDA SILVA, Tagore Trajano. Direito Animal e ensino jurídico: formação e autonomia de um saber pós-humanista. Tese de doutorado/UFBA, 2013, p. 26/27.

ANTUNES, Paul Bessa. Direito Ambiental. Atlas. São Paulo: 2012.

BRASIL- Lei 6938, de 31.08.81. http://www.planalto.gov.br/ccivil_03/leis/l6938.htm. Acessado em 28 de dezembro de 2020.

BRASIL. Decreto n. 6.514, de 22 de julho de 2008. Dispõe sobre as infrações e sanções administrativas ao meio ambiente, estabelece o processo administrativo federal para apuração destas infrações, e dá outras providências. Disponível em: < http://www.planalto.gov.br/ccivil_03/_ato2007-2010/2008/decreto/d6514.htm, acesso em 27 de dezembro de 2020;

BRASIL. Lei n. 9.605, de 12 de fevereiro de 1998. Dispõe sobre as sanções penais e administrativas derivadas de condutas e atividades lesivas ao meio ambiente, e dá outras providências. Disponível em: http://www.planalto.gov.br/ccivil_03/leis/l9605.htm, acesso em 30 de dezembro de 2020.

DIAS, Edna. "Direito da fauna", in Direito Ambiental Brasileiro, organizado por FARIAS Talden e TRENNEPOHL Terence, RT, São Paulo: 2019, págs., 291 a 317.

Favre, David. Animal Law, Welfare, Interests, and Rights, Second Edition. E book.

FREITAS BASTOS, Tito. Lições de Direito Administrativo. Rio de Janeiro: Freitas Bastos, 1943.

FREITAS Wladimir Passos. Direito Administrativo e Meio Ambiente. Juruá. Curitiba: 1993.

MEIRELLES, Hely Lopes. Direito Administrativo Brasileiro. RT. São Paulo: 1991.

MINAS GERAIS. Lei Estadual MG 22.231/16. https://www.legisweb.com.br/legislacao/?id=326475. Acessado em 28 de dezembro de 2020;

CAPÍTULO IV

ILÍCITO CIVIL, INQUÉRITO CIVIL E AÇÃO CIVIL PÚBLICA

1 - INQUÉRITO CIVIL

Muitos advogados ilustres já discorreram sobre Inquérito Civil e Ação Civil Pública - ACP. Portanto, este capítulo não pretende se aprofundar numa questão exaustivamente ensinada. Seu escopo é chamar a atenção sobre as vantagens que o Inquérito Civil e a Ação Civil Pública – ACP representam para a proteção e defesa dos animais.

O Inquérito Civil foi introduzido em nosso ordenamento jurídico através da Lei 7.347/85 – Lei da Ação Civil Pública, que em seu artigo 8° afirma:

Lei n° 7.347 de 24 de Julho de 1985

§ 1° O Ministério Público poderá instaurar, sob sua presidência, inquérito civil, ou requisitar, de qualquer organismo público ou particular, certidões, informações, exames ou perícias, no prazo que assinalar, o qual não poderá ser inferior a 10 (dez) dias úteis.

Em 1998 ele foi constitucionalizado no art.29, III da CR que concedeu ao Ministério Público – MP a função de promover e instaurar o Inquérito Civil e a Ação Civil Pública, para a proteção do patrimônio público e social, do meio ambiente (nele incluída a fauna pelo art. 3º da Lei 6.938/81) e de outros interesses difusos e coletivos.

O interesse difuso surgiu com a necessidade para solução de conflitos coletivos. Na verdade a tutela coletiva nasceu com a introdução da ação popular, Lei 4.717/1965. Um grande impacto da Lei de Ação Civil Pública foi a possibilidade de se defender o meio ambiente, o patrimônio cultural e bens e direitos de valor histórico, artístico, turístico e paisagístico. Milhares de ACPs foram impetradas na ocasião. Direitos difusos são aqueles direitos transindividuais.

Por fim, a Lei Orgânica do Ministério Público da União, Lei Complementar 75, de 20.05.1993 deu ao MP a competência de:

Art. 6º Compete ao Ministério Público da União:

I - promover a ação direta de inconstitucionalidade e o respectivo pedido de medida cautelar;

II - promover a ação direta de inconstitucionalidade por omissão;

III - promover a arguição de descumprimento de preceito fundamental decorrente da Constituição Federal;

IV - promover a representação para intervenção federal nos Estados e no Distrito Federal;

V - promover, privativamente, a ação penal pública, na forma da lei;

VI - impetrar habeas corpus e mandado de segurança;

VII - promover o inquérito civil e a ação civil

pública para:

a) a proteção dos direitos constitucionais;

b) a proteção do patrimônio público e social, do meio ambiente, dos bens e direitos de valor artístico, estético, histórico, turístico e paisagístico;

c) a proteção dos interesses individuais indisponíveis, difusos e coletivos, relativos às comunidades indígenas, à família, à criança, ao adolescente, ao idoso, às minorias étnicas e ao consumidor;

d) outros interesses individuais indisponíveis, homogêneos, sociais, difusos e coletivos;

O inquérito civil é um procedimento administrativo de natureza inquisitiva para recolher elementos que constituam meios de prova para mover a ACP. Portanto, a eles não se aplica o princípio da ampla defesa. Ele é, ainda, um instrumento preparatório não punitivo investigatório de possível irregularidade. O MP pode abrir o Inquérito Civil sem necessidade de autorização do Judiciário ou qualquer outro órgão.

Tem sido usado para investigação de lesão a animais. Uma vez verificada a lesão pode o MP instaurar o inquérito de ofício, ou por meio de portaria. Uma vez constatado o cabimento de ação o MP pode tentar persuadir o investigado à adequação da lei, seja reparando o dano quando possível, seja realizando outra conduta compensatória com obrigação de fazer ou deixar de fazer. Se isso não ocorrer deve propor ao Judiciário a medida cabível, Ação Civil Pública e, quando se tratar de crime Ação Penal.

Dada à morosidade da justiça a composição extrajudicial, através do Termo de Ajustamento de Conduta – TAC ganhou grande força na composição dos danos causados ao meio

ADVOCACIA ANIMALISTA NA PRÁTICA

ambiente e aos animais. Em algumas situações ele é considerado, inclusive, mais abrangente. No caso dos animais o MP pode propor que o órgão público, por exemplo, elabore e planeje a execução de um programa de proteção animal, e inclusive destinar verba recebida do ajustamento de conduta em outros inquéritos para o projeto que vise o bem estar de animais.

Os métodos de solução de conflitos devem considerar as formas clássicas de compor conflitos. Os atores devem participar da compreensão do conflito e de sua solução. O art. 6º da Lei de ACP autoriza os órgãos públicos legitimados a tomarem dos interessados compromisso de ajustamento de suas condutas às exigências legais, mediante cominações que terão eficácia de título executivo judicial. Por outro lado, a transação, embora seja uma forma de extinção de obrigações litigiosas, analisada sob o prisma da questão animal, todas as obrigações estabelecidas constituem um contrato, com eficácia de título executivo.

Conferindo a lei eficácia executiva ao compromisso de ajustamento, desaparece, em tese, o interesse de agir dos co-legitimados para a propositura da ACP. A transação deve ser cercada de todas as garantias e formalidades, necessárias à sua validade e eficácia, e ao cumprimento de sua finalidade legal.

O MP possui competência constitucional (art. 129, VI) e legal (Lei 7.347/85. Art. 8º, § 1) para proceder a vários procedimentos investigatório que visem juntar provas para uma futura ACP ou acordo em TAC.

A Lei Complementar 75/93, que consolidou o poder investigatório do MP dispõe:

> *Art. 8º Para o exercício de suas atribuições, o Ministério Público da União poderá, nos procedimentos de sua competência:*

I - notificar testemunhas e requisitar sua condução coercitiva, no caso de ausência injustificada;

II - requisitar informações, exames, perícias e documentos de autoridades da Administração Pública direta ou indireta;

III - requisitar da Administração Pública serviços temporários de seus servidores e meios materiais necessários para a realização de atividades específicas;

IV - requisitar informações e documentos a entidades privadas;

V - realizar inspeções e diligências investigatórias;

VI - ter livre acesso a qualquer local público ou privado, respeitadas as normas constitucionais pertinentes à inviolabilidade do domicílio;

VII - expedir notificações e intimações necessárias aos procedimentos e inquéritos que instaurar;

VIII - ter acesso incondicional a qualquer banco de dados de caráter público ou relativo a serviço de relevância pública;

IX - requisitar o auxílio de força policial.

As entidades requisitadas arcam com o ônus financeiro no cumprimento das requisições. Existe a possibilidade do MP inserir no TAC, entre as obrigações do investigado, arcar com essas despesas.

Uma multa fixada no TAC tem natureza cominatória e não substitutiva da obrigação principal, sendo ela devida mesmo após o cumprimento daquela obrigação. Pode o MP, no TAC,

ADVOCACIA ANIMALISTA NA PRÁTICA

fixar pagamento de indenização a título de ressarcimento de tratamento veterinário do animal resultante de ato do investigado. Sempre e necessário o nexo causal, o dano e um agente causador do dano.

2 - A RESPONSABILIDADE CIVIL PELO DANO ANIMAL

A responsabilidade civil é a que impõe ao infrator a obrigação de ressarcir o prejuízo causado por sua conduta ou atividade. Pode ser contratual, extracontratual, por decorrer de exigência legal, de ato ilícito ou por risco. A responsabilidade civil tem por pressuposto um prejuízo causado a terceiro. A reparação civil segue as normas da responsabilidade civil.

Sob a ótica do regime de responsabilidade civil o ilícito civil está estabelecido no art. 186 do Código Civil, que dispõe que *"aquele que, por ação ou omissão voluntária, negligência ou imprudência, violar direito e causar dano a outrem, ainda que exclusivamente moral, comete ato ilícito"*. O 225, §3º, da Constituição da República, estabelece a tríplice responsabilização por danos causados ao ambiente. Por fim, o art. 927 do Código Civil, por sua vez, dispõe que *"aquele que, por ato ilícito (arts. 186 e 187), causar dano a outrem, fica obrigado a repará-lo"*.

Reza o artigo 225, parágrafo 3º da Constituição de 1988: - *"As condutas e atividades consideradas lesivas ao meio ambiente sujeitarão os infratores, pessoas físicas ou jurídicas a sanções penais e administrativas, independentemente da obrigação de reparar o dano"*.

Lei 6.938, de 31.08.1981, art. 14, parágrafo 1º - *Sem prejuízo das penas administrativas previstas nos incisos do artigo, o poluidor é obrigado, independentemente de culpa, a indenizar ou reparar os danos causados ao meio ambiente e a terceiro, afetados por sua atividade.*

Constata-se que a responsabilidade civil por dano ambiental/animal é objetiva, ela independe da verificação de culpa. Em relação ao Direito Ambiental/animal não se poderia cogitar de responsabilidade civil nos moldes do Direito Privado, fundada na aferição da culpa para geração do direito de indenização ou de recuperação do dano causado.

Constado o dano animal caberá o pedido de reparação. Segundo o Juiz Vicente Ataíde Jr. "o titular do direito à reparação de danos será o próprio animal: ele foi a vítima da violência e do sofrimento. Os danos físicos e os extrapatrimoniais foram por ele diretamente experimentados, pois é um ser dotado de *consciência,* não uma coisa ou um objeto inanimado." (In *Animais têm direitos e podem demanda-los em juízo.* Disponível em: *https://www.jota.info/opiniao-e-analise/colunas/ajufe/ animais-tem-direitos-e-podem-demanda-los-em-juizo-23072020.* Acesso em 03 de janeiro de 2021).

A reparação do dano pode ter natureza compensatória ou ressarcitória para minorar os efeitos do dano injusto. A valoração do dano deve atentar, ainda, para o necessário caráter punitivo-pedagógico.

3 - AÇÃO CIVIL PÚBLICA

Como já mencionado a ACP foi instituída pela Lei 7.347, de 24.07.1985.

Conforme a *Lei de Ação Civil Pública,* são legitimados ativos para impetrar uma ACP o Ministério Público, a União, os estados, os municípios, as autarquias, as empresas públicas, as fundações, as sociedades de economia mista, Defensoria Pública, e, ainda, as associações que tenham sido constituídas

ADVOCACIA ANIMALISTA NA PRÁTICA

há pelo menos um ano e que tenham entre seus objetivos institucionais a proteção ao meio ambiente, ao consumidor, à ordem econômica, à livre concorrência, ao patrimônio histórico, ao patrimônio turístico, ao patrimônio artístico, ao patrimônio paisagístico e ao patrimônio estético, grupos raciais religiosos e étnicos.

Na Lei nº 7.342/1985 é apresentado um rol taxativo dos legitimados ativamente para a propositura da ação estando previsto no art. 5º, veja-se:

Art. 5º Têm legitimidade para propor a ação principal e a ação cautelar:

I - o Ministério Público;

II - a Defensoria Pública;

III - a União, os Estados, o Distrito Federal e os Municípios

IV - a autarquia, empresa pública, fundação ou sociedade de economia mista;

V - a associação que, concomitantemente:

a) *esteja constituída há pelo menos 1 (um) ano nos termos da lei civil; (Incluído pela Lei nº 11.448, de 2007).*

b) *inclua, entre as suas finalidades institucionais, a proteção ao meio ambiente, ao consumidor, à ordem econômica, à livre concorrência, aos direitos de grupos raciais, étnicos ou religiosos ou ao patrimônio artístico, estético, histórico, turístico e paisagístico.*

Seja pelo seu Conselho Federal ou por suas seccionais, a Ordem dos Advogados do Brasil pode ajuizar ACPs. Essa legitimidade, deve ser entendida de forma abrangente, em razão das finalidades da entidade que não se limitam na defesa da classe dos advogados. Segundo entendimento da 2ª Turma do Superior Tribunal de Justiça, o Estatuto da Advocacia (Lei 8.906/ 1994) não limita a OAB na defesa de direitos difusos e coletivos (Scocuglia Livia. Revista **Consultor Jurídico**, 3 de dezembro de 2013, https://www.conjur.com.br/2013-dez-03/seccional-oab-ajuizar-acao-civil-publica-esfera-local).

A ACP é uma ação de responsabilidade por danos morais e patrimoniais causados:

I - ao meio-ambiente;

II - ao consumidor;

III – a bens e direitos de valor artístico, estético, histórico, turístico e paisagístico;

IV - a qualquer outro interesse difuso ou coletivo.

V - por infração da ordem econômica

VI - à ordem urbanística.

VII – à honra e à dignidade de grupos raciais, étnicos ou religiosos

VIII – ao patrimônio público e social.

Difuso é o interesse transindividual.

Por similaridade, se a ação é cabível para defesa da honra e dignidade de grupos raciais, étnicos e religiosos, também é cabível para a defesa da dignidade animal. Tanto que na ACP movida em defesa do cão Sansão (em tramitação), que ficou conhecido nacionalmente por ter sido o motivador da aprovação da chamada Lei Sansão, (que criou uma qualificação para o cometimento de abusos e maus tratos contra cães e gatos) o MP de Minas Gerais a alicerçou no princípio da dignidade animal.

ADVOCACIA ANIMALISTA NA PRÁTICA

Revendo o caso Sansão: em 06 de julho de 2020, um ato de crueldade animal praticado no Município de Confins, na comarca de Pedro Leopoldo - MG tomou as redes sociais e a mídia nacional, gerando grande revolta e comoção social. Sansão, animal doméstico da espécie canina, da raça pitbull, teve suas duas patas traseiras decepadas em um ato de extrema brutalidade e violência praticado pelo cidadão Júlio César Santos de Souza, mediante o emprego de uma foice.

Além de apresentar denúncia criminal à Justiça, o MPMG propôs uma ACP, tanto contra o acusado, quanto ao dono de Sansão. ACP foi formulada por um grupo de trabalho formado pelos promotores de Justiça Luciana Imaculada de Paula, Ronaldo Assis Crawford, Monique Mosca Gonçalves e Anelisa Cardoso Ribeiro Conforme as investigações conduzidas pela Polícia Civil, eram constantes os conflitos de vizinhança entre os envolvidos por causa do animal.

O MPMG requereu ao Juiz que o agressor pague por todas as despesas com assistência veterinária e demais gastos decorrentes do tratamento de Sansão até a completa recuperação da saúde do cão.

Outras medidas requisitadas são o pagamento de R$ 10 mil por danos irreversíveis causados ao pitbull, que devem ser revertidos em proveito do bem-estar do animal, mediante depósito em conta específica para tal finalidade. Também, o MPMG pede pagamento de R$ 15 mil por danos morais coletivos à Associação Regional de Proteção Animal (Arpa II).

O dono de Sansão também sofreu pedido de medida protetiva em favor do animal devido a indícios de situação de risco e descumprimento dos deveres de guarda responsável, conforme o MPMG.

O princípio da dignidade animal já conta com notável

reconhecimento doutrinário e jurisprudencial. A CR impôs ao Poder Público e à coletividade a obrigatoriedade de adotar comportamentos que respeitem o novo status do animal, de ser senciente e sujeito de direitos. Seja agindo para proteger, seja para se abster de maltratar ou praticar, contra eles, atos de crueldade ou que sejam incompatíveis com a sua dignidade peculiar.

Outro caso de ACP que entrou para a história foi o caso da Farra do Boi. Farra do Boi é uma Festa realizada no estado de Santa Catarina, onde o boi é perseguido, mutilado, podendo ocorrer até a morte. Todas as Semanas Santas, em Santa Catarina, descendentes de açorianos, associando o boi a entidades pagãs, supliciam bois até a morte, representando a linchamento a vitória do cristianismo sobre os mouros. Munidos de paus, pedras, açoites e facas, participam da farra, homens, mulheres, velhos e crianças. Assim que o boi é solto a multidão o persegue e agride incessantemente.

Em 26 de abril de 1989 as entidades do Rio de Janeiro APANDE - Associação Amigos de Petrópolis, Patrimônio, Proteção dos Animais e Defesa da Ecologia, Liga de Defesa dos Animais, SOZED - Sociedade Zoofila Educativa e Associação Protetora dos Animais, ajuizaram Ação Civil Pública contra o Estado de Santa Catarina, que foi julgada procedente, em Recurso Extraordinário pelo Supremo Tribunal Federal, uma vez que não teve decisão favorável em Santa Catarina. O processo caminhou a passos lentos para chegar a um final feliz que inaugurou a entrada do Direito Animal no Supremo Tribunal Federal – STF, com um cordão em desfavor a farra do boi.

RECURSO EXTRAORDINÁRIO N. 153531-8

Relator para o Acórdão. Ministro Marco Aurélio

Recte.: Apande — Associação Amigos de Petrópolis

ADVOCACIA ANIMALISTA NA PRÁTICA

> *Patrimônio Proteção aos Animais e Defesa da Ecologia e Outros*
>
> *Adv.: José Thomaz Nabuco de Araújo Filho e Outro.*
>
> *Recdo.: Estado de Santa Catarina*
>
> *Adv.: Ildemar Egger.*
>
> *Costume — Manifestação Cultural — Estímulo Razoabilidade — Preservação da Fauna e da Flora — Animais — Crueldade. A obrigação de o Estado garantir a todos o pleno exercício de direitos culturais, incentivando a valorização e difusão das manifestações, não prescinde da observância da norma do inciso VII do art. 225 da Constituição Federal, no que veda a prática que acabe por submeter os animais à crueldade. Procedimento discrepante da norma constitucional denominado "farra do boi".*
>
> *A C Ó R D Ã O*
>
> *Vistos, relatados e discutidos estes autos, acordam os Ministros do Supremo Tribunal Federal, em Segunda turma, na conformidade da ata do julgamento e das notas taquigráficas, por maioria de votos, em conhecer do recurso e lhe dar provimento, nos termos do voto do Relator, vencido o Senhor Ministro Maurício Corrêa.*

A legitimidade passiva da ACP se estende a todos os responsáveis pelos atos que originaram a ação, podendo ser pessoas físicas, jurídicas, de direito público ou privado. Enfim, todos aqueles que de algum modo concorreram para o ato que gerou a ação de abuso, maus tratos ou dano animal.

A condenação prevista nos arts. 3º e 11 da Lei 7.347/85 pode ser uma condenação em dinheiro ou obrigação de fazer ou deixar de fazer. Nessas sintéticas ponderações buscou-se chamar atenção do leitor para a existência do ilícito civil quando ocorre um dano contra o animal e a forma procedimental de reparação.

BIOGRAFIA CONSULTADA

ATAÍDE, Vicente Jr. *Animais têm direitos e podem demanda-los em juízo*. Disponível em: *https://www.jota.info/opiniao-e-analise/colunas/ajufe/animais-tem-direitos-e-podem-demanda-los-em-juizo-23072020* Acesso em 03 de janeiro de 2021.

BRASIL. Lei complementar 75. De 20.05.1993. *http://www.planalto.gov.br/ccivil_03/leis/lcp/Lcp75.htm,* acessado em 02/01/2021.

BRASIL. Lei 7.347, 24 de julho e 1985, *http://www.planalto.gov.br/ccivil_03/leis/l7347orig.htm,* acessado em 02/01/2021.

BRASIL. Constituição da República. Acessado em 02.01.2021

DIAS, Edna Cardozo. Tutela Jurídica dos Animais. Belo Horizonte: 2020. Produção independente. Disponível na Amazon.com

FINK, Daniel Roberto. Alternativa "*A ação Civil Pública Ambiental (Reflexões sobre as vantagens do Termo de Ajustamento de Conduta)*", in Ação Civil Pública, organizado por MILARÈ, pg. 113 a 140. Édis. RT. São Paulo: 2002.

Jornal Estado de Minas. *https://www.em.com.br/app/noticia/gerais/2020/09/29/interna_gerais,1189960/mpmg-denuncia-por-agressao-homem-que-decepou-patas-do-cachorro-sansao.shtml.* Acessado em 05de janeiro de 2021.

PROENÇA, Luis Roberto. Inquérito Civil. Editora Revista dos tribunais. São Paulo: 2001.

Scocuglia Livia. Revista **Consultor Jurídico**, 3 de dezembro de 2013, *https://www.conjur.com.br/2013-dez-03/seccional-oab-ajuizar-acao-civil-publica-esfera-local,* acessado em 03 de janeiro de 2021.

VIEIRA, Fernando Grella. *"A transação na esfera da tutela dos interesses difusos e coletivos, compromisso de ajustamento de conduta."* in Ação Civil Pública, organizado por MILARÈ, pg. 262 a 291. Édis. RT. São Paulo: 2002.

Capítulo V

PROCESSO PENAL E MAUSTRATOS AOS ANIMAIS

1 - LEI DE CRIMES AMBIENTAIS

Este capítulo pretende examinar de forma sucinta o crime de maus tratos do artigo 32 da Lei 9.605/98. Lei de Crimes Ambientais, eis que o Direito Penal é ministrado em vários períodos na Faculdade de Direito e a bibliografia sobre o tema já é vasta e abrangente.

Vamos priorizar um breve relato da evolução da lei e do conceito de maus tratos, a introdução na lei do crime qualificado quando se tratar de cães e gatos.

A primeira legislação brasileira relativa à crueldade contra os animais foi o Decreto 16.590, de 1924, que regulamentava as Casas de Diversões Públicas. Proibia as corridas de touros, garraios e novilhos, e de galos e canários, dentre outras diversões que causavam sofrimento aos animais.

Em 10 de julho de 1934, por inspiração do então ministro da Agricultura, Juarez Távora, o presidente Getúlio Vargas, chefe do Governo Provisório, promulgou o Decreto Federal 24.645, que estabelecia medidas de proteção aos animais. O decreto foi editado com força de lei, uma vez que o Governo Central avocou a si a atividade legiferante. Em 3 de outubro de 1941, foi baixado

ADVOCACIA ANIMALISTA NA PRÁTICA

o Decreto-Lei 3.688, Lei das Contravenções Penais (LCP), que, em seu art. 64, proibia a crueldade contra os animais. Na época levantou-se uma polêmica em torno do fato de a LCP ter ou não revogado o decreto de Getúlio. A jurisprudência firmou-se no sentido de que "em síntese, os preceitos contidos no art. 64 compreendem na sua quase totalidade, todas aquelas modalidades de crueldade contra animais contidas no art. 3º do Decreto 24.645/34."

Mais tarde, o Decreto 24.645 foi envolvido em outra polêmica em relação à sua vigência, quando o Governo Collor revogou vários decretos indiscriminadamente. Entretanto pelo fato do decreto 24.645/34 ter surgido com força de lei ele não pode ser revogado por um decreto. Já existe uma corrente que abraça esta interpretação.

Quando em 1993 formou-se no Ministério da Justiça uma comissão encarregada de, novamente, estudar a reforma da parte especial do Código Penal, pela segunda vez a proposta de criminalização dos maus tratos aos animais, elaborado pela Liga de Prevenção da Crueldade contra o Animal (sob minha presidência) foi entregue a seus membros: Prof. Jair Leonardo Lopes, Evandro Lins e Silva, Wanderlock Moreira, Francisco Assis Toledo, Renée Ariel Dotti e aos conselheiros das subseções da Ordem dos Advogados do Brasil – OAB, bem como à Comissão de Meio Ambiente da OAB Federal.

Mais tarde, os advogados ambientalistas entenderam que, por tratar-se o Direito Ambiental de um ramo peculiar do Direito, as infrações ambientais deveriam ser elencadas em legislação própria. Foi formada uma comissão interministerial composta pelos mais ilustres advogados ambientalistas e penalistas, vinculada aos Ministérios do Meio Ambiente e Justiça, sob a presidência do Desembargador Gilberto Passos de Freitas a quem devemos, juntamente com ao relator Ministro Hermann

Benjamin a inclusão dos animais na Lei 9605/98.

A proposta da inclusão dos crimes contra os animais, independentemente de sua natureza, doméstico, exótico ou domésticado foi imediatamente encaminhada por nós (1996), ao Desembargador, que prontamente atendeu ao pedido após acordo telefônico, levando a idéia para discussão na citada comissão. Os animais foram contemplados nos artigos 29 a 33 da Lei de Crimes Ambientais.

No âmbito penal, a lei não faz distinção entre fauna silvestre, exótica ou doméstica, ao estabelecer seu âmbito de proteção. Vejamos redação original do at. 32 da Lei 9605/98 antes da Lei Sansão:

Lei 9.605/98 — Art. 32: Praticar ato de abuso, maus-tratos, ferir ou mutilar animais silvestres, domésticos ou domesticados, nativos ou exóticos:

Pena — detenção, de três meses a um ano, e multa.

§ 1º — Incorre nas mesmas penas quem realiza experiência dolorosa ou cruel em animal vivo, ainda que para fins didáticos ou científicos, quando existirem recursos alternativos.

§ 2º — A pena é aumentada de um sexto a um terço, se ocorre morte do animal.

O Decreto 24.645/34 definiu 31 figuras típicas de maus-tratos em seu art. 3º. A Lei das Contravenções Penais, em seu art. 64, fala da crueldade e dos trabalhos excessivos, sem contudo defini-los. O Decreto 6.514/2008, que regulamentou a Lei de Crimes Ambientais, não definiu o que é *maus-tratos* ou *abuso*. Por esta razão, entendemos que o Decreto 24.645/34 está revogado apenas em parte, e que devemos buscar em seu art. 3º

ADVOCACIA ANIMALISTA NA PRÁTICA

estas definições. Até que se promulgue nova lei federal podemos nos apoiar nos conceitos nele traçados. O Governo, em seu site www,planalto.gov.br faz constar a revogação deste Decreto, mas fazemos parte da corrente que entende que ele não poderia e nem pode ser revogado por um decreto.

Depois da Lei 9.605, de 12 de fevereiro de 1998, qualquer abuso ou maus-tratos aos animais, bem como o ato de feri-los ou mutilá-los é crime punível com pena de detenção e multa, sejam eles domésticos, domesticados, silvestres, ou exóticos.

A Ação Penal referente a crimes contra os animais é pública incondicionada. Basta a ocorrência do delito para a instauração do inquérito policial. Mas, depois da Lei 9.099/95 que criou os Juizados Especiais Criminais, a atuação da autoridade policial que toma conhecimento da prática de infração ambiental/animal não implica na imediata instauração do inquérito policial ou na autuação do agente em flagrante, na maioria dos casos.

Em se tratando de crime de menor potencial ofensivo em que a lei comine pena máxima não superior a um ano a autoridade que tomar conhecimento do fato lavrará um termo circunstanciado e o encaminhará ao Juizado Especial, providenciando a requisição dos exames necessários. A instauração do inquérito só ocorrerá quando não for possível estabelecer a co-autoria ou a materialidade.

Assim, recebido o Termo Circunstanciado ou excepcionalmente o inquérito policial será realizada a audiência de conciliação, quando o Juiz esclarecerá o agente sobre a composição do dano e da aplicação imediata da pena não privativa de liberdade. É admitida, ainda, a suspensão condicional do processo por proposta do MP ou requerimento do interessado, visto que a pena mínima cominada é de três meses. Desta feita, os crimes contra os animais muitas vezes ficam impunes.

A situação veio mudar no o caso de crimes contra cães gatos com a aprovação da chamada lei Sansão.

2 - LEI SANSÃO, A GRANDE MUDANÇA

A lei 14.064/20, conhecida como lei SANSÃO foi sancionada em 29/09/20. O nome da lei se deve ao caso do crime de agressão cometido contra o cão Sansão, animal da raça pitbull, que teve as patas traseiras decepadas a golpes de foice, em Confins, região metropolitana de Belo Horizonte/MG.

A Lei Sansão teve origem com a proposição, pelo Deputado Fred Costa do PL 1095/19. A inciativa se deu quando ocorreu o "Caso Manchinha", que comoveu o pais.

O "Caso Manchinha" refere-se ao assassinato da cadelinha vira-lata Manchinha, ocorrido em 28 de novembro de 2018, nos arredores de uma das lojas da rede Carrefour, situada no município brasileiro de Osasco, na Grande São Paulo. O caso gerou repercussão nacional e internacional.

Revoltado pelo caso Manchinha, ocorrido em 2018, O Deputado Fred Costa propôs um PL para alterar o artigo 32 da Lei de Crimes Ambientais com a finalidade de aumentar a pena prevista no referido artigo. A pena para maus tratos no art. 32 é de detenção de 6 meses a 1 ano , e ele propôs aumentar para reclusão de 1 a 4 anos e multa.

Durante a tramitação o PL sofreu uma emenda no sentido de que o aumento de pena fosse aplicado somente quando a vítima fosse cão ou gato. De outro lado a emenda aumentou a pena para reclusão de 2 a 5 anos, multa e proibição da guarda. Durante a tramitação do PL ocorreu a agressão bárbara contra o cão Sansão, e que igualmente causou comoção nacional. Este

ADVOCACIA ANIMALISTA NA PRÁTICA

triste fato acabou exercendo grande pressão para aprovação e sanção do PL. Em 29 de setembro de 2020 o Presidente da República sancionou a Lei 14.064 para aumentar as penas cominadas ao crime de maus tratos quando se tratar de cão e gato.

A lei 14.064/20, através da inserção do parágrafo 1º A no art .32 da lei 9.605/98, alçou o crime de maus tratos/ abuso a uma categoria superior, deixando de ser considerado um crime de menor potencial ofensivo. Antes os maus tratos/ abusos com animais (cães e gatos) gerariam o Termo Circunstanciado de Ocorrência no âmbito do Juizado Especial Criminal (conforme Lei nº 9.099/95).

A nova lei 14.064/20 veio a alterar o art.32 da lei de crimes ambientais (lei 9.605/98), ao acrescentar o parágrafo 1º A. Desta forma, o art. 32 da lei 9.605/98 passou a ter a seguinte redação:

Art. 32. Praticar ato de abuso, maus-tratos, ferir ou mutilar animais silvestres, domésticos ou domesticados, nativos ou exóticos:

Pena - detenção, de três meses a um ano, e multa.

§ 1º Incorre nas mesmas penas quem realiza experiência dolorosa ou cruel em animal vivo, ainda que para fins didáticos ou científicos, quando existirem recursos alternativos.

§ 1º-A Quando se tratar de cão ou gato, a pena para as condutas descritas no caput deste artigo será de reclusão, de 2 (dois) a 5 (cinco) anos, multa e proibição da guarda. (Incluído pela Lei nº 14.064, de 2020)

§ 2º A pena é aumentada de um sexto a um terço, se ocorre morte do animal.

Com esta nova redação já em vigor, quando o crime for contra cães e gatos deixa de ser um crime de menor potencial ofensivo. A partir de agora, no caso da vítima ser cão ou gato admite-se a prisão em flagrante do agressor/abusador, sem aplicação da fiança, não cabendo mais a aplicação dos institutos da transação e da suspensão condicional do processo. Outra novidade é que gera antecedente criminal. E pode resultar na prisão do condenado, desde que não seja caso de substituição da pena privativa de liberdade por restritiva de direitos.

O § 1º-A, do art. 32, da Lei nº 9.605/1998 é um tipo penal qualificado, em que a pena inicialmente prevista é de reclusão, de 2 (dois) a 5 (cinco) anos, multa e proibição da guarda. Além disto, a pena para as condutas descritas no caput deste artigo (prática de abuso, maus-tratos, ferir ou mutilar o cão e gato) no caso de ter o resultado morte do animal, o agente criminoso além de responder pela conduta qualificada estará sujeito a aumento de pena de 1/6 (um sexto) a 1/3 (um terço) (§ 3º, do art. 32, da mesma lei).

Em uma breve comparação:

Quando os maus tratos e abusos forem praticados com animais silvestres, domésticos e domesticados que não sejam cães ou gatos a pena é de 3 meses a 1 ano, e se for cão ou gato é de 2 a 5 anos, multa e proibição de guarda.

Quando os maus tratos e abusos forem praticados com animais silvestres, domésticos e domesticados que não sejam cães ou gatos trata-se de um crime de menor potencial ofensivo, cabendo transação penal e suspensão condicional do processo. A proposta de aplicação imediata de pena restritiva de direitos ou multa, prevista no art. 76 da Lei 9.099/95, somente poderá ser formulada desde que tenha havido composição do dano animal.

ADVOCACIA ANIMALISTA NA PRÁTICA

Quando os maus tratos e abusos forem praticados com animais silvestres, domésticos e domesticados que não sejam cães ou gatos a regra gral é não implicar em prisão do infrator, e se for cão ou gato pode gerar a prisão do infrator.

A multa será calculada segundo os critérios do Código Penal (art, 49). A Lei 9.605/98, em seu artigo 14 faz referência a circunstâncias atenuantes e no a art. 15 elenca as circunstâncias agravantes.

Em ambas hipóteses a lei admite a imputação da pessoa jurídica.

3 - CÚMULO MATERIAL

Segundo a ilustre Promotora de Justiça no Estado de São Paulo, doutora Vania Tuglio, é possível pleitear em Juízo, quando houver pluralidade de animais vitimados, a aplicação do art. 69 do Código Penal para obter a cumulação de pena. Segundo ela, cada animal tem respostas físicas e mentais distintas quando submetidos a maus tratos.

Ela cita o conhecido caso Dalva Lima da Silva, em que foi a promotora da ação e obteve sentença vitoriosa. Dalva é uma serial killer que se fingia protetora de animais e recebia cães e gatos em sua casa em São Paulo para lhes dar um lar. Certa noite Dalva foi descoberta deixando dois sacos de lixo cheio de gatos mortos na calçada. A perícia comprovou que ela torturava os animais antes de encaminhar seus corpos ao lixo.

Uma vez provados os fatos foi possível a aplicação do cúmulo material, bem como o agravamento da responsabilidade penal em razão da crueldade das ações. Ela recebeu uma pena de 17 anos e 6 meses de detenção, para cumprir em regime fechado. Registre-se que isso ocorreu antes da Lei Sansão. E graças à competência de Vania Tuglio se fez justiça à altura do crime.

BIOGRAFIA CONSULTADA

DIAS, Edna Cardozo. Manual de Crimes Ambientais. Mandamentos. Belo Horizonte: 1999.

FREITAS, Vladimir Passos de e FREITAS, Gilberto Passos de. Crimes contra a Natureza. RT. São Paulo: 2006.

Prado, Luiz Regis. Direito Penal do Ambiente. Editora RT. São Paulo: 2005.

TUGLIO, Vânia. *"Da aplicação do cúmulo material nos crimes contra a fauna",* in "Elas escrevem Edna", organizado por BRAZ Laura Cecília Fagundes dos Santos, Editora Mente Aberta, Salvador: 2020.

Capítulo VI

AÇÃO DIRETA DE INCONSTITUCIONALIDADE E OS ANIMAIS

1 - ANIMAIS NA CONSTITUIÇÃO DA REPÚBLICA

Os direitos dos animais reconhecidos pelo Brasil em tratados internacionais foram incorporados pela nossa Constituição e fazem parte de suas cláusulas pétreas.

São pétreos os dispositivos que impõem a irremovibilidade de determinados preceitos. São as disposições insuscetíveis de serem abolidas com emendas, constituindo núcleo irreformável da Constituição. Esses preceitos possuem supremacia sobre os demais interesses.

Constituem cláusulas pétreas não só os direitos individuais, mas os direitos sociais nela contidos. Tanto que no § 2º do art. 5º a Constituição dispõe: *"Os direitos e garantias expressos nesta Constituição não excluem outros decorrentes do regime e dos princípios por ela adotados, ou dos tratados internacionais em que a República Federativa do Brasil seja parte".*

Ao agasalhar os direitos dos animais a Constituição da República de 1988 tornou os animais titulares de direitos fundamentais. Quando falamos em direitos fundamentais falamos dos direitos reconhecidos e positivados pelas

ADVOCACIA ANIMALISTA NA PRÁTICA

Constituições das Nações. Os direitos fundamentais guardam os valores e princípios fundamentais da ordem jurídica de um país. Podem ser agrupados em quatro grandes categorias, quais sejam, os direitos políticos, os direitos individuais, os direitos sociais e os direitos difusos.

A Constituição brasileira de 1988 estabelece em seu artigo 225 o direito ao meio ambiente saudável, protegido e equilibrado delegando ao Poder Público e à comunidade o dever de protegê-lo e preservá-lo para as gerações presentes e futuras, nelas incluídas os demais seres vivos, que devem ter o direito de se desenvolver de forma natural e permanente.

Tanto que em seu parágrafo 1º, inciso VII diz que incumbe ao Poder Público garantir o direito à vida e aos ecossistemas, o direito à preservação da biodiversidade, e os direitos dos animais de não serem submetidos à crueldade.

Art. 225. Todos têm direito ao meio ambiente ecologicamente equilibrado, bem de uso comum do povo e essencial à sadia qualidade de vida, impondo-se ao poder público e à coletividade o dever de defendê-lo e preservá-lo para as presentes e futuras gerações.

§ 1º Para assegurar a efetividade desse direito, incumbe ao poder público:

I - preservar e restaurar os processos ecológicos essenciais e prover o manejo ecológico das espécies e ecossistemas;

II - preservar a diversidade e a integridade do patrimônio genético do País e fiscalizar as entidades dedicadas à pesquisa e manipulação de material genético;

III - definir, em todas as unidades da Federação, espaços territoriais e seus componentes a serem especialmente protegidos, sendo a alteração e a supressão permitidas somente através de lei, vedada qualquer utilização que comprometa a integridade dos atributos que justifiquem sua proteção;

IV - exigir, na forma da lei, para instalação de obra ou atividade potencialmente causadora de significativa degradação do meio ambiente, estudo prévio de impacto ambiental, a que se dará publicidade;

V - controlar a produção, a comercialização e o emprego de técnicas, métodos e substâncias que comportem risco para a vida, a qualidade de vida e o meio ambiente;

VI - promover a educação ambiental em todos os níveis de ensino e a conscientização pública para a preservação do meio ambiente;

VII - proteger a fauna e a flora, vedadas, na forma da lei, as práticas que coloquem em risco sua função ecológica, provoquem a extinção de espécies ou submetam os animais a crueldade.

§ 2º Aquele que explorar recursos minerais fica obrigado a recuperar o meio ambiente degradado, de acordo com solução técnica exigida pelo órgão público competente, na forma da lei.

§ 3º As condutas e atividades consideradas lesivas ao meio ambiente sujeitarão os infratores, pessoas físicas ou jurídicas, a sanções penais e administrativas, independentemente da obrigação de reparar os danos causados.

§ 4º A Floresta Amazônica brasileira, a Mata Atlântica, a Serra do Mar, o Pantanal Mato-Grossense e a Zona Costeira são patrimônio nacional, e sua

ADVOCACIA ANIMALISTA NA PRÁTICA

utilização far-se-á, na forma da lei, dentro de condições que assegurem a preservação do meio ambiente, inclusive quanto ao uso dos recursos naturais.

§ 5º São indisponíveis as terras devolutas ou arrecadadas pelos Estados, por ações discriminatórias, necessárias à proteção dos ecossistemas naturais.

§ 6º As usinas que operem com reator nuclear deverão ter sua localização definida em lei federal, sem o que não poderão ser instaladas.

§ 7º Para fins do disposto na parte final do inciso VII do § 1º deste artigo, não se consideram cruéis as práticas desportivas que utilizem animais, desde que sejam manifestações culturais, conforme o § 1º do art. 215 desta Constituição Federal, registradas como bem de natureza imaterial integrante do patrimônio cultural brasileiro, devendo ser regulamentadas por lei específica que assegure o bem-estar dos animais envolvidos.

Logo que foi empossada a Assembleia Constituinte, para redigir a Constituição da República promulgada em 1988, ativistas da proteção animal e advogados jus animalistas se mobilizaram a nível nacional no sentido de que fossem garantidos aos animais direitos fundamentais em seu texto.

A ideia foi abraçada pelo então Deputado Federal e ex-presidente da Comissão de Meio Ambiente da OAB-SP, Fábio Feldman, que agiu como articulador dos segmentos interessados em participar da elaboração da redação do art. 225, sobre o meio ambiente na CR/88.

Além de aglutinar o movimento ambientalista, com reuniões que se realizaram em todos os estados do país, o deputado, por meio da entidade que presidia (União dos

Defensores da Terra - OIKOS-SP), se uniu a outras duas entidades para coleta de assinaturas para fins de inclusão dos direitos dos animais na Constituição da República.

A Liga de Prevenção da Crueldade contra o Animal - LPCA, presidida por mim Edna Cardozo Dias, juntamente com a União dos Defensores da Terra - OIKOS, presidida por Fábio Feldman, e a Associação Protetora dos Animais São Francisco de Assis – APASFA, presidida por D. Alzira (representada na coleta de assinaturas por Deise Jankovick), encabeçaram a lista de um abaixo-assinado, visando 30.000 assinaturas. Foram conseguidas 15.000 assinaturas, um feito, se tomarmos por base o fato de que não havia internet e todo o trabalho tinha que ser realizado nas ruas, no boca a boca. Assim noticiou o jornal Folha de São Paulo à época, sobre a coleta de assinaturas:

> *"A coleta da de assinaturas" de um por cento do eleitorado para propor a inclusão de propostas à Constituição foi liderada pela União dos Defensores da Terra (OIKOS - SP), Liga de Prevenção da Crueldade contra o Animal (LPCA -MG) e Associação Protetora dos Animais (APASFA-SP).*
>
> *Pelo cronograma do Congresso Constituinte, as propostas de iniciativa popular (a serem subscritas por 30.000 assinaturas de eleitores) deveriam ser apresentadas aos constituintes entre 15 de julho e 15 de agosto de 1987, quando o primeiro projeto da nova Carta estaria sendo discutido em Plenário"* (COPPOLA Marcelo. "Propostas de iniciativa popular aceleram coleta de assinaturas". Jornal folha de São Paulo, 1ª caderno, Política, domingo, 21 de junho de 1987).

A inserção do direito dos animais no artigo 225 na Constituição da República contou com o trabalho de vários ativistas do país.

ADVOCACIA ANIMALISTA NA PRÁTICA

A presidente do Fórum Nacional de Proteção e Defesa Animal, Sonia Fonseca, não ligada a nenhuma ONG na época, a advogada Dra. Ana Maria Pinheiro, Dra. Fernanda Colagrossi, representante das ONGs no Conselho Nacional do Meio Ambiente - CONAMA, a artista Cacilda Lanuza, a jornalista Deise Jankovic, Carlos Cardoso Aveline da União de Proteção do Meio Ambiente - UPAN, Rosely Acosta Bastos do Rio de Janeiro, Sheila Moura da Fala Bicho, o historiólogo Arthur Soffiati, ativistas de Campos - RJ, juntamente com outros defensores trabalharam para que a proteção aos animais fosse contemplada na CR.

Em 05 de outubro de 1988 foi realizada em Brasília sessão solene para entrega do capitulo do meio ambiente ao Senador Bernardo Cabral, relator da Constituição. O então Deputado Fábio Feldman convidou autoridades ambientalistas governamentais, científicas e organizações não governamentais de todo país para entregar ao Senador Bernardo Cabral o referido capítulo, que resultou no art. 225 e seus incisos e parágrafos. Cada entidade ambientalista defendeu um dos artigos no microfone e coube à mim, então presidente da Liga de Prevenção da Crueldade contra o Animal, a defesa do artigo sobre direito dos animais (Inciso VII, § 1º, artigo 225 da CR).

A nossa Constituição é lei suprema do Estado brasileiro. O princípio da supremacia requer que todas as situações jurídicas se conformem com os princípios e preceitos da Constituição. Todo ato legislativo ou administrativo que contrariem a norma constitucional é inconstitucional e sujeito ao controle de constitucionalidade.

2 - AÇÃO DIRETA DE CONSTITUCIONALIDADE – ADI

No Direito Constitucional brasileiro foi adotado o controle de constitucionalidade repressivo jurídico ou judiciário, em que é o próprio Poder Judiciário quem realiza o controle da lei. Compete ao Supremo Tribunal Federal processar e julgar, originariamente, Ação Direta de Inconstitucionalidade de lei ou ato normativo federal ou estadual. A questão foi regulamentada pela Lei **no 9.868, de 10 de novembro de 1999.** O autor da ação pede ao STF que examine a lei ou ato normativo para obter sua invalidação.

Em relação às leis ou atos normativos municipais ou estaduais contrários às constituições estaduais, compete ao Tribunal de Justiça local processar e julgar a Ação Direta de Inconstitucionalidade.

Conforme dispõe o art. 103 da Constituição Federal de 1988, possuem legitimidade para propor ação direta de inconstitucionalidade o Presidente da República, a Mesa do Senado Federal, a Mesa da Câmara dos Deputados, a Mesa da Assembleia Legislativa, o Governador de Estado, o Governador do Distrito Federal, o Procurador-Geral da República, o Conselho Federal da Ordem dos Advogados do Brasil, partido político com representação no Congresso Nacional e as confederações sindicais ou entidades de classe de âmbito nacional.

Graças ao dispositivo constitucional em favor dos animais várias leis que violavam direitos fundamentais dos animais foram anuladas pelo STF.

3- JURISPRUDÊNCIA

BRIGAS DE GALO

A questão das brigas de galo chegou ao STF depois que três diferentes estados brasileiros promulgaram legislação permitindo e regulando briga de galo.

O primeiro caso apreciado foi provocado por uma lei de Santa Catarina regulamentando briga de galo, que ensejou o

ADVOCACIA ANIMALISTA NA PRÁTICA

ADI 2514, que teve como relator o Ministro Eros Grau e, por unanimidade, teve declarada a sua inconstitucionalidade. A Ação Direta de Inconstitucionalidade contra a Lei 11.344/00 foi proposta pelo então Procurador-geral da República Geraldo Brindeiro, em 2001. Vejamos:

"EMENTA

AÇÃO DIRETA DE INCONSTITUCIONALIDADE. LEI 11.366/00 DO ESTADO DE SANTA CATARINA. ATO NORMATIVO QUE AUTORIZA E REGULAMENTA A CRIAÇÃO E EXPOSIÇÃO DE AVES DE RAÇA E A REALIZAÇÃO DE "BRIGAS DE GALO"

A sujeição da vida animal a experiência de crueldade não é compatível com a Constituição do Brasil. Precedentes da Corte. Pedido de declaração de inconstitucionalidade julgado procedente."

Depois veio a lei do Estado do Rio de Janeiro, Lei 2.895 autorizando brigas de galo, que ensejou a propositura de um ADI pela Procuradoria Geral da República – PGR.

A Lei foi publicada no Diário Oficial do Rio de Janeiro em 20 de março de 1998. Ementa:

"Autoriza a criação a realização de exposições e competições entre aves das raças combatentes (fauna não silvestre) para preservar e defender o patrimônio genético da espécie gallus-gallus"(DIÀRIO OFICIAL, Estado do Rio de Janeiro, 20 de março de 1998, ano XXIV, nº 52, parte I).

A ação foi proposta pela Procuradoria Geral da República – PGR, após provocação da Liga de Prevenção da Crueldade contra o Animal[1], e foi julgada procedente por unanimidade da

Corte. A PGR alegou que a referida lei afrontava o art. 225 da CR, caput, parágrafo 1º, inciso VII. Vejamos como se pronunciou o STF sobre as rinhas e galo:

"CONSTITUCIONAL. MEIO-AMBIENTE. ANIMAIS: PROTEÇÃO: CRUELDADE. "BRIGA DE GALOS". I. - A Lei 2.895, de 20.03.98, do Estado do Rio de Janeiro, ao autorizar e disciplinar a realização de competições entre "galos combatentes" autoriza e disciplina a submissão desses animais a tratamento cruel, o que a Constituição Federal não permite: C.F., art. 225, § 1º, VII. II. - Cautelar deferida, suspendendo-se a eficácia da Lei 2.895, de 20.03.98, do Estado do Rio de Janeiro. (STF-ADIMC-1856 / RJ - Relator Ministro Carlos Velloso -

DJ 22-09-00 pág.00069)

VAQUEJADA

Mais recentemente a questão da vaquejada foi apreciada pelo STF, motivada por uma ADI proposta pelo então Procurador da República Rodrigo Janot.

As vaquejadas são de origem brasileira, tendo nascido nos estados do nordeste. Espetáculo genuinamente brasileiro, a vaquejada nasceu na cidade de Santo Antão, em Pernambuco. Dois vaqueiros, um denominado *puxador* e o outro *esteireiro*, montados em cavalos, acompanham um boi desde a saída da sangra (Box feito para a largada da rês) até a faixa de julgamento. Ali, devem tombar o boi ao chão, arrastando-o brutalmente, até que mostre as quatro patas. Caso queiram aumentar os pontos com o feito, no ato da derrubada o boi tem de cair de patas para cima;

ADVOCACIA ANIMALISTA NA PRÁTICA

Em outubro de 2016, o STF julgou como inconstitucional a lei do estado do Ceará que reconhecia a vaquejada como esporte e patrimônio cultural (ADI4983). Vale lembrar que a ação de inconstitucionalidade foi provocada pela Dra. Geuza Leitão que dirigiu representação à PGR, contra a lei cearense 15.299/2013, que pretendia regulamentar e autorizar as vaquejada, naquele estado PROCESSO OBJETIVO – AÇÃO DIRETA DE INCONSTITUCIONALIDADE – ATUAÇÃO DO ADVOGADO-GERAL DA UNIÃO. Consoante dispõe a norma imperativa do § 3º do artigo 103 do Diploma Maior, incumbe ao Advogado-Geral da União a defesa do ato ou texto impugnado na ação direta de inconstitucionalidade, não lhe cabendo emissão de simples parecer, a ponto de vir a concluir pela pecha de inconstitucionalidade.

VAQUEJADA – MANIFESTAÇÃO CULTURAL – ANIMAIS – CRUELDADE MANIFESTA – PRESERVAÇÃO DA FAUNA E DA FLORA – INCONSTITUCIONALIDADE. A obrigação de o Estado garantir a todos o pleno exercício de direitos culturais, incentivando a valorização e a difusão das manifestações, não prescinde da observância do disposto no inciso VII do artigo 225 da Carta Federal, o qual veda prática que acabe por submeter os animais à crueldade. Discrepa da norma constitucional a denominada vaquejada.

ACÓRDÃO

ADI 4983 / CE Vistos, relatados e discutidos estes autos, acordam os Ministros do Supremo Tribunal Federal em julgar procedente o pedido formulado para declarar a inconstitucionalidade da Lei nº 15.299/2013, do Estado do Ceará, nos termos do voto do relator e por maioria, em sessão presidida pela Ministra Carmen

Lúcia, na conformidade da ata do julgamento e das respectivas notas taquigráficas. Brasília, 6 de outubro de 2016. MINISTRO MARCO AURÉLIO – RELATOR
http://redir.stf.jus.br/paginadorpub/paginador.jsp?docTP=TP&docID=12798874

4 - EMENDA CONSTITUCIONAL 96/17

Em 29 de novembro de 2016 foi sancionada a lei 13.364 que declarou a vaquejada um patrimônio cultural imaterial, sem ouvir o Instituto Nacional do Patrimônio Histórico e Artístico Nacional- IPHAN, que é o órgão competente para declarar se um bem é ou não patrimônio material ou imaterial. Em sessão realizada 6 de junho de 2017, a Mesa do Congresso Nacional promulgou a Emenda Constitucional 96, que libera práticas como as vaquejadas e os rodeios em todo o território brasileiro. A solenidade, realizada no Plenário do Senado, foi acompanhada por dezenas de parlamentares e vaqueiros.

A Emenda Constitucional 96/2017, promulgada pelo Congresso Nacional, acrescentou um parágrafo ao artigo 225 da Constituição Federal, determinando que as práticas desportivas e manifestações culturais com animais não são consideradas cruéis. Determinou, ainda, que a vaquejada seja registrada como "bem de natureza imaterial" e seja regulamentada por lei que garanta o bem-estar dos animais.

De acordo com a Emenda, não se consideram cruéis as práticas desportivas que utilizem animais, desde que sejam manifestações culturais, conforme o parágrafo 1º do artigo 215 da Constituição, registradas como bem de natureza imaterial integrante do patrimônio cultural brasileiro. Essas atividades devem ser regulamentadas por lei específica que assegure o bem-estar dos animais envolvidos. Dispõe a Emenda:

> As Mesas da Câmara dos Deputados e do Senado Federal, nos termos do § 3º do art. 60 da Constituição Federal, promulgam a seguinte Emenda ao texto constitucional:
>
> Art. 1º O art. 225 da Constituição Federal passa a vigorar acrescido do seguinte § 7º:
>
> "Art. 225...
> ....
>
> § 7º Para fins do disposto na parte final do inciso VII do § 1º deste artigo, não se consideram cruéis as práticas desportivas que utilizem animais, desde que sejam manifestações culturais, conforme o § 1º do art. 215 desta Constituição Federal, registradas como bem de natureza imaterial integrante do patrimônio cultural brasileiro, devendo ser regulamentadas por lei específica que assegure o bem-estar dos animais envolvidos."(NR)
>
> Art. 2º Esta Emenda Constitucional entra em vigor na data de sua publicação.

CONSIDERAÇÕES A RESPEITO DA EMENDA 96/2019

O capítulo do meio ambiente é constituído por cláusulas pétreas e não enseja emenda constitucional. Em 03 de maio de 1993, quando houve uma tentativa de se alterar o capítulo do meio ambiente da CR a Subcomissão de Meio Ambiente da Comissão de Direitos Humanos da OAB/SP constituiu um grupo de trabalho formado pelos ilustres juristas Toshio Mukai, Antônio Hermann Benjamin, Adriana Melo Nunes, Paulo Henrique Cavalcanti e Antônio Fernando Pinheiro Pedro, que enviaram um parecer à Comissão de Defesa do Consumidor, Meio Ambiente e Minorias da Câmara dos Deputados, onde ponderaram:

"*a proteção do meio ambiente, nesta perspectiva de tutela individual e coletiva da vida, encontra fundamento no parágrafo 2º do art. 5º da Constituição Federal."*

Por outro lado, sendo o meio ambiente ecologicamente equilibrado um bem essencial à sadia qualidade de vida, não se podendo entender existir dignidade sem aquela, tem-se a proteção ao meio ambiente integra a dignidade da pessoa humana e, portanto, constituiu fundamento da República Federativa do Brasil, nos termos do inciso III do Art. 1º da Constituição Federal.

O art. 225 da Carta Magna por tudo acima exposto, não pode ser abolido, suprimido ou restringido, nos termos do parágrafo 4º do artigo 60 do texto. constitucional, permitindo-se apenas a ampliação dos direitos ali adquiridos.*"* (Datilarquivo da Liga de Prevenção da Crueldade contra o Animal)

Não há dúvida de que os direitos dos animais foram suprimidos com a emenda 96/17. A meu ver somente os dispositivos vinculados ao sistema de governo podem ser revisados, salvo nova Assembleia Constituinte.

O Fórum Nacional de Proteção e Defesa Animal ajuizou Ação Direta de Inconstitucionalidade (ADI 5728), no Supremo Tribunal Federal (STF), para questionar a Emenda Constitucional (EC) 96/2017, que considera como não cruéis as práticas desportivas que utilizem animais, desde que sejam manifestações culturais. Durante sua tramitação no Congresso Nacional, a proposta ficou conhecida como a PEC da Vaquejada. A relatoria foi distribuída para o Ministro Dias Toffoli. Aguarda julgamento.

O Ministro Alexandre de Moraes, em seu livro Direito Constitucional (pg733). Atlas, (2008) considera absolutamente

ADVOCACIA ANIMALISTA NA PRÁTICA

possível o STF analisar a constitucionalidade de uma emenda constitucional, de forma a verificar se o legislador-reformador respeitou os parâmetros fixados no art. 60 da CR para alteração constitucional.

Enfim, apreende-se que toda modificação constitucional, feita com desrespeito do procedimento especial estabelecido, ou preceito que não possa ser objeto de emenda padecerá de vício de inconstitucionalidade formal ou material e ficará sujeita ao controle de constitucionalidade.

5 - ARGUIÇÃO DE DESCUMPRIMNTO DE PRECEITO FUNDAMENTAL

A CR determina que a Arguição de Descumprimento de Preceito Fundamental decorrente da Constituição será apreciada pelo Supremo Tribunal Federal – STF n forma da lei. O art. 102 § 1º foi regulamentado pela Lei 9.882, de 3 de dezembro de 1999. Os legitimados para propositura da ação são os mesmos para propositura da Ação Direta de Constitucionalidade. Pode ser proposta em três hipóteses. Para evitar lesão a preceito fundamental, resultante de ato do Poder Público; para reparar lesão a preceito fundamental resultante de ato do Poder Judiciário e quando for relevante o fundamento da controvérsia constitucional sobre lei ou ato normativo federal, estadual ou da controvérsia constitucional sobre lei ou ato normativo federal, estadual, municipal, incluídos os anteriores à Constituição.

Ressalte-se que a arguição de descumprimento de preceito fundamental deverá ser proposta em face de atos do Poder Público já concretizados.

Recentemente, a alteração do art. 25 da Lei 9.605/98 pela ex-presidente Dilma Roussef, ensejou a propositura de Arguição de Descumprimento de Preceito Fundamental pelo

Partido Republicano.

Na redação original da Lei 9605/98 o art.25 dispunha que em caso de apreensão os animais seriam libertados em seu habitat ou entregues a jardins zoológicos, fundações ou entidades assemelhadas, desde que fiquem sob a responsabilidade de técnicos habilitados. (Revogado pela Lei 13.052, de 08 de dezembro de 2014)

.E a nova redação assim dispôs:

Art. 2º O § 1o do art. 25 da Lei no 9.605, de 12 de fevereiro de 1998, passa a vigorar com a seguinte redação:

" **Art. 25.** Verificada a infração, serão apreendidos seus produtos e instrumentos, lavrando-se os respectivos autos.

§ 1o Os animais serão prioritariamente libertados em seu habitat ou, sendo tal medida inviável ou não recomendável por questões sanitárias, entregues a jardins zoológicos, fundações ou entidades assemelhadas, para guarda e cuidados sob a responsabilidade de técnicos habilitados. (Redação dada pela Lei nº 13.052, de 2014).

A legenda pede que o Supremo exclua qualquer interpretação da lei e do decreto que autorize o abate desses animais, a fim de resguardar o direito fundamental ao meio ambiente ecologicamente equilibrado e à proteção da fauna e da flora. (ADPF 640)

O PRO argumentou que a interpretação feita no sentido de permitir o abate dos animais apreendidos não está autorizada pela legislação de regência, além de ofender a Constituição, uma vez que, sob o pretexto de protegê-los, acaba por permitir a continuidade da crueldade infligida aos animais, desrespeitando seu direito à integridade e privando-lhes de sua

ADVOCACIA ANIMALISTA NA PRÁTICA

vida.

O pedido de liminar foi deferido pelo Ministro Gilmar Mendes:

"Ante o exposto, com base no art. 5º, §1º, da Lei 9.882/99, e art. 21, V, do RISTF, defiro a medida cautelar pleiteada para: a) determinar a suspensão de todas as decisões administrativas ou judiciais, em âmbito nacional, que autorizem o sacrifício de animais apreendidos em situação de maus-tratos; b) reconhecer a ilegitimidade da interpretação dos arts. 25, §§1º e 2º da Lei 9.605/1998, bem como dos artigos 101, 102 e 103 do Decreto 6.514/2008 e demais normas infraconstitucionais, que determina o abate de animais apreendidos em situação de maus-tratos. Solicitem-se informações, no prazo de 10 (dez) dias, nos termos do art. 6º da Lei 9.882/99, às autoridades judiciais responsáveis pelos atos questionados, ao Ministério do Meio Ambiente, Ministério da Agricultura e Ibama. Em seguida, cite-se o Advogado-Geral da União e abra-se vista dos autos à PGR, pelo prazo comum de 5 (cinco) dias (art. 103, §3º, da CF/88 e art. 7º, parágrafo único, da Lei 9.882/99). Publique-se. Intimem-se. Cumpra-se." (http://portal.stf.jus.br/processos/detalhe.asp?incidente=5836739)

A ação foi incluída no calendário com data de julgamento prevista para 26/05/2021. *(http://www.stf.jus.br/portal/cms/verNoticiaDetalhe.asp?idConteudo=434107)*

BIOGRAFIA CONSULTADA

BRASIL. Constituição da República Federativa do Brasil. *http://www.planalto.gov.br/ccivil_03/constituicao/constituicaocompilado.htm. Acessdo em 06/01/2021.*

BRASIL-supremo Tribunal Federal. *http://redir.stf.jus.br/paginadorpub/paginador.jsp?docTP=TP&docID=12798874. Acessado em 07/01/2021.*

BRASIL - SENADO FEDERAL. *https://stf.jusbrasil.com.br/jurisprudencia/14737214/acao-direta-de-inconstitucionalidade-adi-2514-sc.* Acessado em 07/01/2021;

BRASIL, Câmara dos Deputados. *https://www2.camara.leg.br/legin/fed/lei/2016/lei-13364-29-novembro-2016-783953-publicacaooriginal-151457-pl.html,* acessado em 27/10 de 2019.

BRASIL. *http://www.planalto.gov.br/ccivil_03/constituicao/Emendas/Emc/emc96.htm, cessado em 28 de outubro de 2019.*

BRASIL-http://portal.stf.jus.br/processos/detalhe.asp?incidente=5836739. Acessado em 07 d janeiro de 2021.

COPPOLA Marcelo. "Propostas de iniciativa popular aceleram coleta de assinaturas". Jornal folha de São Paulo, 1ª caderno, Política, domingo, 21 de junho de 1987.

DIÀRIO OFICIAL, Estado do Rio de Janeiro, 20 de março de 1998, ano XXIV, nº 52, parte I.

DIAS, Edna Cardozo. Maus tratos a animais em rodeios, in Revista do Ministério Público do Estado de Minas Gerais (pag. 48 a53), Edição defesa da fauna, 2016 pág. 50.

DIAS, Edna Cardozo "Direito da Fauna", (pg. 291-317) in Direito Ambiental Brasileiro, organizado por FARIAS Talden e TRENNEPOHL Terence. Revista dos Tribunais, São Paulo, 2019, pg. 292.

DIAS, Edna Cardozo. Tutela Jurídica dos Animais. Edição independente. Belo Horizonte: 2020. Disponível na Amazon.com.

DIAS, Edna. 30 ANOS DE DIREITO DOS ANIMAIS NO PLANO JURISPRUDENCIAL

DIAS, Edna Cardozo. 30 anos de direito dos animais no plano jurisprudencial. Fórum de Direito Urbano e Ambiental – FDUA, Belo Horizonte, Ano 18, n. 108, p. 9-15, nov./dez. 2 019.

JANOT, Rodrigo. ADI n. 227.175/2017. Revista Brasileira de Direito Animal, [*S.l.*], v. 12, v. 3, 2017. Disponível em: <Disponível em: *https://portalseer.ufba.br/index.php/RBDA/article/view/24399/15025* >. Acesso em: 07/01/2021.

LEITE José Rubens Morato e BELCHIOR, Germana Parente Neiva, "Direito Constitucional Ambiental" págs. 68-97, in Direito Ambiental Brasileiro, organizado por FARIAS Talden e TRENNEPOHL Terence, Revista dos Tribunais, São Paulo, 2019, pg 83.

MORAES, Alexandre de. Direito Constitucional. ATLAS. São Paulo: 2008.

SILVA, José Afonso da. Curso de Direito Constitucional Positivo. Malheiros 2008.

Capítulo VII

DIREITO DOS ANIMAIS

1 O QUE SÃO DIREITOS?

Os direitos podem ser conceituados sob vários pontos de vista, podendo-se falar em direitos legais, direitos naturais e direitos morais.

Sob o aspecto legal, Direito é um conjunto de normas sociais obrigatórias criadas para regular as relações sociais, estabelecendo uma ordem jurídica. Essas regras são criadas pelo Estado, portanto, por aqueles que estão no poder. No Brasil, a Constituição da República de 1988 adotou a democracia direta e indireta, conferindo ao povo a faculdade de opinar na elaboração das leis. Nesse sentido, o Direito é consuetudinário, legislativo e constitui a fonte das regras de uma sociedade. O Direito legal tem como princípios a coercibilidade, a sociabilidade e a reciprocidade. Se existe um sujeito de direito, existe um titular de uma obrigação.

A expressão direito natural pode indicar a fonte ou o fundamento do direito. Nasceu com a doutrina jusnaturalista, julgada por muitos ultrapassada.

O direito moral, por sua vez, é aquele que se preocupa com o que é justo ou injusto, certo ou errado. Pode-se dizer que o direito é o ideal do justo, aqui entendido como justiça socioambiental e planetária. A obrigação de uma reta conduta foi herdada das tradições religiosas de Buda, Moisés e Jesus. Para outros, a noção de direito já está nos seres humanos, e é deduzida pela razão. O conceito de direito ultrapassa o âmbito da ciência jurídica para ser discutido sob o ponto de vista filosófico.

2 DECLARAÇÃO DE DIREITOS

Em 1948, a Organização das Nações Unidas aprovou a "Declaração Universal dos Direitos dos Homens", adotada por diversos países, que no art. 1º afirma que "Todos homens nascem livres e iguais em dignidade e direito", e no art. 4º que "Todo homem tem direito à vida, à liberdade e à segurança pessoal" (ORGANIZAÇÃO DAS NAÇÕES UNIDAS, 1948).

A ideia de direitos se ampliou ao longo da história, e a ideia de igualdade vem progredindo. Por meio de convenções propostas no âmbito internacional, foram reconhecidos os direitos dos refugiados (1951); eliminação da discriminação racial (1965), eliminação da discriminação contra a mulher (1979); os direitos das mulheres à igualdade e desenvolvimento (1993) e outros direitos para os vulneráveis (MAZZUOLI, 2003).

Em 1978, por proposta do cientista Georges Heuse, da Liga Internacional dos Direitos dos Animais, foi proclamada na sede da UNESCO a "Declaração Universal dos Direitos dos Animais" (UNESCO, 1978), da qual o Brasil é signatário.

Essa declaração reconhece que os animais têm direitos, que o conhecimento e as ações dos homens devem estar a serviço dos direitos dos animais, que estes não devem sofrer maus-tratos e que a morte de um animal sem necessidade é considerada biocídio.

Redigida por personalidades do meio científico, jurídico e filosófico, além de representantes das sociedades protetoras dos animais, esse documento constitui uma tomada de posição filosófica no sentido de estabelecer diretrizes para o relacionamento do homem com o animal. A nova filosofia que surge da Declaração se respalda nos conhecimentos científicos recentes que admitem a unidade de toda vida e nos movimentos abolicionistas, que exigem uma postura igualitária diante da vida. Seus artigos propõem uma nova ética biológica, uma nova postura de vida e de respeito para com os animais.

Como bem preconiza o documento, o reconhecimento por parte da espécie humana do direito à existência das outras espécies, constitui o fundamento das espécies no mundo. Com base nesse e outros princípios são reconhecidos aos animais os direitos ao respeito, ao não sofrimento ou submissão a maus-tratos, à liberdade em seu *habitat*, à proteção humana e legal.

No ordenamento jurídico internacional, o direito à vida e à liberdade são igualmente reconhecidos ao homem e aos outros animais. O direito à vida é hoje universalmente consagrado como um direito básico fundamental, o mais essencial de todos, uma vez que constitui pré-requisito para a existência dos demais direitos. O direito à liberdade, à não discriminação e ao respeito são corolários do direito à vida. Se se considerar o homem não apenas como um ser moral, mas como um ser vivo, tem-se que admitir que os direitos reconhecidos à humanidade enquanto espécie devem encontrar seus limites nos direitos das outras espécies, que também são seres vivos.

O direito à vida é, também, um corolário do direito de viver e implica o direito que tem todo ser de dispor dos meios e condições apropriados de subsistência e de ter uma vida digna de acordo com sua espécie, sua natureza biológica e sua sensibilidade. O direito de viver é um direito à existência. Existir implica viver com a dignidade inerente à própria espécie. No caso dos animais, que são tutelados pelo Estado, este é obrigado a prevenir a mortalidade das espécies e proteger os animais do sofrimento e de toda e qualquer agressão, dando-lhes a garantia de viver em segurança, livre da violência humana, e de acordo com seus instintos básicos e interesses de sua espécie.

3 ÉTICA E BIOÉTICA

A ética surgiu na Grécia antiga como o saber que ensina ao ser humano a forma de agir para obter felicidade em sua vida. Poderia ser considerada uma sabedoria prática que norteia os atos do homem, para que sejam bons ou convenientes. Surgiu como uma ciência biocêntrica, e hoje caminha no sentido da bioética e do biodireito (DIAS, 2010, p. 133).

Pode-se dizer que a bioética, que surgiu com o bioquímico e pesquisador na área de oncologista Van Rensselaer Potter em 1970, foi resultante de sua preocupação com as consequências das descobertas que vinham sendo realizadas pela biologia molecular na época, as quais poderiam representar, em seu entendimento, um perigo para a humanidade (SANTOS, 2011, p. 382).

O termo *bioética* aparece em dois textos científicos, "Bioethics: the science of survival" e "Biocybernetcis and survival", ambos de autoria de Potter, professor da Universidade de Wiscosin, nos Estados Unidos (SALLES, 2010, p. 17).

A princípio discutido apenas no âmbito da saúde e medicina, o biodireito hoje é abordado em novos ramos do Direito, como o Ambiental e o Animal.

De acordo com Santos (2011, p. 382), a bioética tem uma dimensão ecológica, e não apenas biológica, e fundamenta-se nos seguintes princípios:

- Beneficência: agir em benefício de outrem. O princípio da beneficência refere-se à obrigação ética de maximizar o benefício e minimizar o prejuízo. Proíbe infligir dano deliberado, fato destacado pelo princípio da não maleficência.
- Não maleficência: não fazer mal ou prejudicar a alguém. Colocar o bem da pessoa como objetivo principal e acima dos interesses da ciência ou da sociedade. Aplica-se à assistência ou à pesquisa científica.
- Autonomia: refere-se ao livre arbítrio das pessoas. Cada indivíduo possui soberania sobre seu corpo. Este princípio exige que a sociedade se esforce para cumprir com o princípio da igualdade. Todos os seres possuem direito de não ter seu corpo agredido ou violado.
- Justiça e equidade: segundo o filósofo grego Aristóteles, a justiça é a maior das virtudes, pois se esforça para tratar a todos de forma equitativa, dando a cada um o que lhe corresponde. Este princípio estabelece a obrigação ética de tratar cada indivíduo conforme o que é moralmente correto e adequado, de dar a cada um o que lhe é devido.

Este trabalho pretende demonstrar que esses princípios éticos não devem se restringir aos seres humanos, mas devem ser considerados no convívio com todos os seres vivos, sendo aplicados, também, ao Biodireito, que deve incluir os animais.

Por reconhecer a superioridade da inteligência humana, que lhe permite decidir como agir, avaliar o futuro e as consequências de suas ações, e estar convencido de que o

ADVOCACIA ANIMALISTA NA PRÁTICA

homem tem a obrigação moral de respeitar todas as criaturas vivas e proteger o ambiente onde vive, inclusive para as gerações futuras, considera-se que o princípio da não maleficência proíbe o homem de infligir sofrimento aos animais.

Vale lembrar que os animais humanos e os não humanos são interdependentes e possuem a mesma necessidade vital.

4 ISONOMIA JURÍDICA

A igualdade é um valor que só pode ser estabelecido mediante comparação entre valores, situações ou pessoas. Pressupondo que igualdade implica a aplicação do princípio da equidade na gestão da diversidade, é necessário aceitar a ideia de que a individualidade de cada ser humano está ligada ao princípio da não discriminação e do reconhecimento do direito de ser diferente. Infelizmente são as leis impostas pela sociedade é que vão determinar, muitas vezes injustamente, quais desigualdades serão aceitas.

Um dos parâmetros da justiça é a relação de igualdade. A igualdade qualitativa atribui a cada um segundo suas características ou segundo suas necessidades. Esta visão de igualdade se aplica tanto aos homens quanto aos outros animais. É a biologia que demonstra a unidade entre o homem e o animal. As mesmas necessidades fundamentais são encontradas em ambos, principalmente de se alimentar, de se reproduzir, de ter um *habitat* e de ser livre. A cada necessidade fundamental corresponde um direito fundamental ao conjunto de seres vivos.

Atualmente, a discussão sobre o conceito de "direito dos animais" mudou seu enfoque, conectando os deveres dos homens para com os direitos dos animais. Nesse enfoque, mais uma vez afirma-se que os Estados têm a obrigação de proteger a vida de todos os seres, e que os direitos dos animais se tornam deveres de todos os homens.

Para reconhecer os direitos dos animais, ao criar normas jurídicas a respeito deles, o homem deve levar em conta as características e necessidades que lhes são próprias, e a garantia de defesa de seus interesses.

5 IGUALDADE ALÉM DA HUMANIDADE

Para os cientistas Jane Goodal, Francine Patterson, Richard Dawkins, Jared Diamond, Douglas Adams, Tom Regan, Peter Singer, Roger e Deborah Fouts, e demais cientistas que trabalharam no "Great Ape Project", criado pela Universidade de Princeton em 1993, os humanos são grandes macacos. Possuem um *status* moral que os coloca na esfera da igualdade sem maiores polêmicas sobre o conceito de igualdade. E essa ideia de *status* moral vem dando ao ser humano o direito a maior proteção legal. O ser humano goza de direitos que são negados às outras espécies. Para eles as qualidades que os elevam a seres morais são partilhadas com os grandes macacos – gorilas, orangotangos e chimpanzés –, como sensibilidade, inteligência e linguagem própria.

Os cientistas integrantes do Projeto Grandes Macacos (Great Ape Project) redigiram a "Declaração sobre os Grandes Macacos", em que reivindicam para esses animais alguns direitos já codificados para os homens, como o direito à vida, o direito à liberdade individual e o direito de não ser torturado. Para eles, a igualdade pertence à comunidade moral, e seus princípios devem se transformar em leis. Membros da comunidade de iguais não podem ser arbitrariamente privados de sua liberdade; se forem aprisionados sem um processo legal, têm o direito de ser libertados imediatamente. Os cientistas que redigiram essa Declaração tecem esta relevante consideração:

ADVOCACIA ANIMALISTA NA PRÁTICA

> Nossa reivindicação chega em um especial momento da história. Nunca antes nossa dominação sobre outros animais foi tão perversa e sistemática. Agora é, também, o momento em que nossa civilização ocidental estendeu inexoravelmente esta dominação, a ética racional emergiu desafiando o significado moral dos membros de nossa espécie. Este desafio exige igual consideração para os interesses de todos os animais, humanos e não humanos. Isto se elevou a um movimento político, ainda fluido, mas crescente (CAVALIERI; SINGER, 1994, p. 5).

Ensina Tagore Trajano da Silva que:

> O GAP é um movimento internacional, cujo objetivo maior é lutar pela garantia dos direitos básicos da vida, liberdade, integridade física dos grandes primatas-chimpanzés, gorilas, orangotangos e bonobos. Este movimento foi liderado pelos professores Peter Singer e Paola Cavalieri tendo apoio de intelectuais como a primatóloga Jane Goodall, o etólogo Richard Darwin e o professor Edgar Morin (SILVA, 2012, p. 129).

6 LIBERDADE ALÉM DA HUMANIDADE

A Declaração Universal dos Direitos dos Animais reza em seu art. 4º:

> 1- Todo o animal pertencente a uma espécie selvagem tem o direito de viver livre no seu próprio ambiente natural, terrestre, aéreo ou aquático e tem o direito de se reproduzir.
>
> 2. Toda a privação de liberdade, mesmo que tenha fins educativos, é contrária a este direito (UNESCO, 1978).

Sob o ponto de vista filosófico, liberdade é a ausência

de submissão, de escravidão ou servidão. Para o ser humano o limite da liberdade é o interesse social, pois a ética da liberdade implica, para o ser racional, uma ética da responsabilidade.

Nesse sentido, a liberdade do homem encontra seus limites no direito à liberdade dos animais, daí ser inaceitável o aprisionamento de animais em zoológicos e circos.

A Declaração dos Grandes Macacos, em seu tópico "The Protection of Individual Liberty" afirma:

> Proteção da liberdade individual: Membro da comunidade de iguais não podem ser arbitrariamente privados de sua liberdade; se eles forem aprisionados sem um processo legal, tem o direito de ser libertados imediatamente. A detenção de quem não tiver cometido nenhum crime, ou que não for um criminoso legal, só pode ser permitida para o próprio bem da pessoa, ou para proteger o público de uma comunidade, de pessoa periculosa para os outros que estiverem livres (CAVALIERI; SINGER, 1994, p. 5, tradução nossa).

Em 2005, os Promotores de Justiça da Bahia Heron Santana Gordilho e Luciano Santana requereram um *habeas corpus* para uma chimpanzé que estava aprisionada no zoológico de Salvador, entretanto ela veio a falecer antes da prolatação da sentença (GORDILHO; SANTANA, 2006).

O *habeas corpus* é um instrumento para tutelar a liberdade de locomoção. O referido *writ* é considerado tão importante que não exige patrocínio de advogado para ser impetrado. Isso demonstra a relevância do direito de ir e vir no mundo dos direitos. Embora a teoria clássica do Direito Penal entenda que "alguém" a que se refere o art. 5º, inciso LXIX, da Constituição da República de 1988 (CR/88) se dirija apenas à pessoa humana, entenderam os autores da ação mencionada que a comunidade jurídica deve ter consciência de que os animais

ADVOCACIA ANIMALISTA NA PRÁTICA

não humanos possuem interesse em sua liberdade (GORDILHO; SANTANA; SILVA, 2016, p. 268).

Nesse contexto, Alfredo Domingos Barbosa Migliori esclarece "[...] que só há um meio de proteger os não-humanos: "garantir-lhes determinados direitos que hoje a lei só atribui aos seres humanos e algumas instituições que ele mesmo criou e concebeu" (MIGLIORI, 2012, p. 179).

Em 13 de novembro de 2014, na cidade de Buenos Aires, Argentina, a ONG Associação de Funcionários e Advogados pelos Direitos dos Animais (AFADA), presidida por Pablo Bumpadre, apresentou um *habeas corpus* em favor da orangotango Sandra, aprisionada no zoológico daquela cidade. Em decisão histórica, o Supremo Tribunal de Justiça da Argentina e a Câmara Federal de Decisão Penal reconheceram o caráter de sujeito de direitos aos animais (CANALES, 2014; YNTERIAN, 2015a).

Após receber o *habeas corpus*, o juiz recomendou que Sandra deveria ser transferida para o Great Apes Sanctuary, em Wauchula, Flórida, Estados Unidos, especializado em orangotangos (YNTERIAN, 2015b), onde se encontra hoje.

A ONG AFADA, também é autora do *habeas corpus* requerido para a chimpanzé Cecília, que vivia isolada no zoológico de Mendonça, na Argentina. Em 3 de novembro de 2016, a juíza Maria Alejandra Maurício, chefe do Terceiro Tribunal de Garantias em Mendonza, proferiu sentença no sentido de que Cecília não é sujeito de direito humano, mas sim de direito inerente à própria espécie. E determinou a transferência de Cecília para um santuário no Brasil, afiliado ao Projeto de Proteção aos Grandes Primatas (GAP), localizado em Sorocaba:

> A Juíza Alejandra Mauricio demonstrou com esta decisão

valente e corajosa que a interpretação da lei é dinâmica, não estática, que deve se adaptar às mudanças sociais do desenvolvimento histórico, uma vez que não é uma questão de dar direitos dos animais possuídos por seres humanos, mas de aceitar e entender, de uma vez por todas, que eles são seres sencientes vivos, que são sujeitos de direitos", aponta Pablo, que irá ao santuário brasileiro no próximo dia 29 para ver Cecília em sua nova casa (OS PRIMEIROS, 2017).

Cecília chegou ao GAP/Brasil, em 5 de abril de 2007.

O professor doutor José Barcelo de Souza cita em seu livro "Doutrina e prática do habeas corpus" a matéria veiculada no Jornal Folha de São Paulo, em 1990:

> 'Habeas Corpus liberta três cães na Argentina. Das Agências internacionais A Justiça argentina em uma decisão inédita no país, concedeu habeas corpus para três cachorros que estavam presos e incomunicáveis por terem mordido um homem. A Câmara de Apelações Criminais de Tucumã (1.250 km de Buenos Aires) justificou o precedente afirmando que os animais estavam detidos sem os benefícios da liberdade condicional ao habeas corpus.
>
> Os cães, dois dobermanns e um pastor alemão, foram utilizados por Héctor Mantorell contra seu vizinho durante uma disputa de terras. Eles acabaram presos pela polícia e levados para a Divisão de Cães da polícia local.
>
> Mastorell foi à justiça pedindo habeas corpus, com a sustentação que os "réus" tinham o mesmo status jurídico que os humanos e haviam sofrido agressões dos seus companheiros de cela.
>
> A juíza de primeira instância Susana Diaz, negou o pedido, afirmando que o recurso vale para pessoas. Martorell

ADVOCACIA ANIMALISTA NA PRÁTICA

recorreu e a Câmara de Apelações reverteu a decisão, libertando os "presos" (SOUZA, 1998, p. 28-29).

Atualmente, desponta um novo olhar sobre os direitos fundamentais, não mais considerando os animais não humanos apenas como componentes da biodiversidade, mas uma visão pautada em seu valor intrínseco de ser vivo. Se o Direito reconhece direitos a entes morais, nada obsta conceder direitos aos animais, cientificamente reconhecidos como seres sencientes.

A proposta de uma discussão moral é apenas o começo, não o fim da questão social.

Os novos paradigmas que emergem de uma teoria dos direitos dos animais de que eles possuem interesses que devem estar protegidos por leis levam em consideração as necessidades de sua espécie. Devem eles ter garantidos direitos fundamentais, que lhes assegurem ser tratados com o mesmo respeito com que se exige que sejam tratados os seres humanos. Os animais possuem seus próprios interesses que devem estar protegidos por leis.

A proteção dos animais faz parte da ética humana. Eles deveriam ser inseridos no mesmo sistema de proteção legal concedido ao ser humano. Por fazer parte da dignidade humana, a proteção dos animais é um dos fundamentos do Estado democrático de direito, devendo os direitos dos animais serem considerados "direitos de dignidade".

Nos países anglo-americanos, a tradição filosófica que fundamenta a Bioética conduz à criação de normas. Nos países europeus continentais, prevalece a tendência de se compreender a Bioética como uma nova disciplina filosófica de dimensão interdisciplinar e colocar a pessoa como o centro da fundamentação ética.

A Bioética estendida aos animais pode ser defendida tanto se aplicando os princípios da beneficência, da não maleficência, da autonomia da justiça, como do princípio libertário, inspirado no liberalismo americano.

Estando a moral ligada a normas, regras e maneiras de proceder, sob o ponto de vista do Estado pós-moderno e visão de um povo, não se podem discutir a ética ou bioética sem incluir os animais. Os valores humanos acabam por se transformar em princípios. Torna-se urgente que a bioética passe a discutir a insensibilidade da sociedade em geral em seu relacionamento com os animais.

O termo *abolicionismo* na atualidade tem sido usado para se referir à necessidade de se libertar os animais. O abolicionismo acredita que se deve ter em relação aos interesses dos animais a mesma consideração direcionada aos interesses humanos. Basta a compreensão do princípio da igualdade de interesses para se defender o princípio da igualdade de direitos entre homens e outros animais.

PRINCIPAIS LEIS QUE PROTEGEM
OS ANIMAIS NO BRASIL

CONSTITUIÇÃO DA REPÚBLICA FEDERATIVA DO BRASIL de 1988

Art. 225. […] § 1º […] incumbe ao poder público:

VII – proteger a fauna e a flora, vedadas, na forma da lei, as práticas que coloquem em risco sua função ecológica, provoquem a extinção de espécies ou submetam os animais a crueldade.

http://www.planalto.gov.br/ccivil_03/constituicao/ constituicao.htm, **09 de janeiro d 2021.**

LEI nº 9.605 de 1998 – LEI FEDERAL DE CRIMES AMBIENTAIS

Art. 32. Praticar ato de abuso, maus-tratos, ferir ou mutilar animais silvestres, domésticos ou domesticados, nativos ou exóticos:

Pena – detenção, de três meses a um ano, e multa.

§ 1º Incorre nas mesmas penas quem realiza experiência dolorosa ou cruel em animal vivo, ainda que para fins didáticos ou científicos, quando existirem recursos alternativos.

§ 1º- A Quando se tratar de cão ou gato, a pena para as condutas descritas no caput deste artigo será de reclusão, de 2 (dois) a 5 (cinco) anos, multa e proibição da guarda.

(Incluído pela Lei nº 14.064, de 2020)

§ 2º A pena é aumentada de um sexto a um terço, se ocorre morte do animal.

LEI n° 5.197 de 1967 – LEI FEDERAL DE PROTEÇÃO À FAUNA

Art. 1º. – Os animais de quaisquer espécies, em qualquer fase do seu desenvolvimento e que vivem naturalmente fora do cativeiro, constituindo a fauna silvestre, bem como seus ninhos, abrigos e criadouros naturais são propriedades do Estado, sendo proibida a sua utilização, perseguição, destruição, caça ou apanha.

http://www.planalto.gov.br/ccivil_03/Leis/L5197.htm, acesso em 09 de janeiro de 2021.

> RECOMENDAÇÃO
>
> Para saber mais sobre as leis e direitos dos animais e a teoria dos direitos dos animais ver:
>
> **Tutela jurídica dos Animais**. Edna Cardozo Dias, produção independente, edição 2020. Disponível em E book e impresso na Amazon.com

BIOGRAFIA CONSULTADA

CENTRO DE BIOÉTICA DO CREMESP. **Princípios bioéticos**. Disponível em: <http://www.bioetica.org.br?siteAcao=Publica coes&acao=detalhes_capitulos&cod_capitulo=53&cod_publicacao=6>. Acesso em: 30 abr. 2016:

BOBBIO, Norberto. **Locke e o direito natural**. Brasília: UnB, 1995.

CANALES, Loren Claire Boppré. Em decisão histórica, Tribunal da Argentina reconhece que animais são sujeitos de direitos. **ANDA – Agência de Notícias de Direitos dos Animais**, 20 dez. 2014. Disponível em: <http://www.anda.jor.br/20/12/2014/decisao-historica-tribunal-argentina-reconhece-animais-sao-sujeitos-direitos>. Acesso em: 1º maio 2017.

CAVALIERI, Paola; SINGER, Peter. **The Great Apple project**. New York: St. Martin´s Press, 1993.

COELHO, Luiz Fernando. **Introdução histórica à filosofia do direito**. Rio de Janeiro: Forense, 1977.

DIAS, Edna Cardozo. A defesa dos animais e as conquistas legislativas do movimento de proteção animal no Brasil. **Revista Brasileira de Direito Animal**, Salvador, Evolução, ano 2, v. 2, p. 123-142, jan/jun. 2007.

DIAS, Edna Cardozo. Bioética e direito dos animais. In: SALLES, Alvaro Angelo (Org.). **Bioética:** reflexões interdisciplinares. Belo Horizonte: Mazza, 2010. p. 113-126.

DIAS, Edna Cardozo. **Manual de Direito Ambiental.** Belo Horizonte: Mandamentos, 2003.

DIAS, Edna Cardozo. **Tutela jurídica dos animais.** Belo Horizonte: Produção independente, 2020.

DOLAN, Edward F. Jr. **Animals rights.** New York, London, Toronto, Sydney: Franklin Award, 1986.

FELIPE, Sônia T. **Ética e experimentação animal:** fundamentos abolicionistas. Florianópolis: UFSC, 2007.

FIGUEIREDO, José Ricardo. Bioética, medicina veterinária e zootecnia. In: VIEIRA, Tereza Rodrigues (Org.). **Bioética nas profissões.** Petrópolis: Vozes, 2005. p. 150-171.

GORDILHO, Heron José de Santana; SANTANA, Luciano Rocha. **Revista Brasileira de Direito animal**, ano 2, n. 2, jan./jun. 2007.

GORDILHO, Heron José de Santana; SANTANA, Luciano Rocha; SILVA, Tagore Trajano de Almeida *et al.* Habeas Corpus impetrado em favor da chimpanzé suíça na 9ª Vara Criminal de Salvador (BA). **Revista Brasileira de Direito Animal**, Salvador, Instituto Abolicionista Animal, v. 1, n.1, p. 261-268, jan./dez. 2006.

INGLATERRA. **The Cambridge Declaration on Consciousness.** July 7, 2012. Disponível em: <http://fcmconference.org/img/CambridgeDeclarationOnConsciousness.pdf>. Acesso em: 30 abr. 2017.

LEVAI, Laerte Fernando. **Direito dos animais.** 2. ed. Campos do Jordão: Editora Mantiqueira, 2004.

LOURENÇO, Daniel Braga. **Direito dos animais:** fundamentação e novas perspectivas. Porto Alegre: Sergio Antônio Fabris, 2008.

MAZZUOLI, Valerio de Oliveira. **Coletânea de Direito Internacional**. São Paulo: Revista dos Tribunais, 2003.

MIGLIORI, Alfredo Domingues Barbosa. **A personalidade jurídica dos grandes primatas**. Belo Horizonte: Del Rey, 2012.

ORGANIZAÇÃO DAS NAÇÕES UNIDAS. **Declaração Universal dos Direitos do Homem**, 10 de dezembro de 1948. Disponível em: <http://unesdoc.unesco.org/images/0013/001394/139423por.pdf>. Acesso em: 2 maio 2017.

OS PRIMEIROS CINCO DIAS DE CECÍLIA. **Proteção aos Grandes Primatas**, 25 abr. 2017. Disponível em: <http://www.projetogap.org.br/noticia/os-primeiros-20-dias-de-cecilia/>. Acesso em: 2 maio 2017.

REAGAN, Tom. **The case for Animal Rights**. Berkeley: University of California Press, 2004.

SALLES, Alvaro Angelo (Org.). **Bioética: reflexões interdisciplinares**. Belo Horizonte: Mazza, 2010.

SANDRA must be transferred to North America Sanctuary. **Proteção aos Grandes Primatas**, January 29, 2015. Disponível em: <http://www.projetogap.org.br/en/noticia/sandra-must-transferred-north-american-sanctuary/>. Acesso em: 2 maio 2017.

SANTOS, Jose Heraldo dos. Bioética na comunicação. In: SALLES, Alvaro Angelo (Org.). **Bioética:** velhas barreiras, novas fronteiras. Belo Horizonte: Mazza, 2011. p. 379-398.

SERRES, Michel. **Le Contrat Naturel**. Paris: Éditions François Bourin, 1990.

SILVA, Tagore Trajano de Almeida. Animais: sujeitos de direitos. In: _____. **Animais em juízo, direito, personalidade jurídica e capacidade processual**. Salvador: Evolução Editora, 2012. p. 95-133.

SOUZA, José Barcelos de. **Doutrina e prática do Habeas Corpus**. Belo Horizonte: Sigla, 1998.

UNESCO. **Declaração Universal dos Direitos dos Animais**. Paris, 15 de outubro de 1978. Disponível em: <http://portal.cfmv.gov.br/portal/uploads/direitos.pdf>. Acesso em: 2 maio 2017.

VIEIRA, Teresa Rodrigues (Org.). **Bioética nas profissões**. Petrópolis: Vozes, 2005.

VILLEZ, Michel. **Philosophie de droit**. Paris: Dalloz, 1986.

YNTERIAN, Pedro A. O caso Sandra. **Projeto Gap**, Notícias, 1º out. 2015a. Disponível em: <http://www.projetogap.org.br/noticia/o-caso-sandra-2/>. Acesso em: 12 maio 2017.

YNTERIAN, Pedro A. Sandra must be transferred to North American Sanctuary. **Projeto Gap**, News, 29 jan. 2015b. Disponível em: <http://www.projetogap.org.br/en/noticia/sandra-must-transferred-north-american-sanctuary/>. Acesso em: 12 maio 2017.

Edna Cardozo Dias é uma advogada brasileira com especialização em Direito Público, Ambiental e Animal.

Bacharel em Direito pela PUC - Faculdade Mineira de Direito - Belo Horizonte.

Doutora em Direito pela Faculdade de Direito da Universidade Federal de Minas Gerais (Primeira tese no Brasil, na área do Direito, sobre direito dos animais- 2000).

Especializada em Criminologia pela Academia de Polícia Civil de Minas Gerais - Belo Horizonte.

Pós graduada em Direito Público pela Fundação Educacional Monsenhor Messias, Faculdade de Direito de Sete Lagoas – MG

É autora da primeira tese de doutorado sobre direito dos animais no Brasil, defendida junto à Faculdade de Direito da UFMG, intitulada **"A tutela jurídica dos animais"** (1ª edição 2000, 2ª edição atualizada 2018), levando ao mundo acadêmico a primeira semente para a formação de uma teoria dos direitos dos animais.

ADVOCACIA ANIMALISTA NA PRÁTICA

Foi também a primeira a primeira jurista a lecionar no Brasil a disciplina sobre Direito dos animais, junto à PUC/MG, em 2001.

Foi a primeira coordenadora de Defesa dos Animais, no município de Belo Horizonte, em 2016.

Autora dos livros "SOS ANIMAL" (1983 - Esgotado), "O Liberticídio dos Animais" (1997) e "Crimes Ambientais" (1998 - Esgotado), "A tutela jurídica dos animais" (1ª edição 2000 -, 2ª edição 2018, Editora Amazon.com), e "Manual de Direito Ambiental" (2003 - Esgotado) Editora Mandamentos – BH). Direito Ambiental no Estado Democrático de Direito, Editor Fórum (2013).

Foi conselheira seccional da OAB/MG (2013-2015 – 2016/2018).

Presidente fundadora da Comissão dos Direitos dos Animais da OAB/MG – (2013/2018), Presidente fundadora da Comissão de Direito Urbanístico da OAB/MG. (2006/2013). Membro suplente do Conselho Nacional do Meio Ambiente - CONAMA, representante das ONGs da região sudeste, por um mandato. Membro da Comissão de Meio Ambiente da Ordem dos Advogados do Brasil, seção de Minas Gerais (1993/1994 e 2001/2003). Membro do Conselho Deliberativo da Associação Brasileira das Mulheres de Carreira Jurídica em 2001. Membro da Comissão Extraordinária de Defesa e dos Direitos dos Animais do Conselho Federal da OAB (2015 e mandato 2019/2021). Presidente do Instituto Abolicionista Animal – IAA (2016-2018)

Deu início à campanha que redundou na criminalização dos maus tratos aos animais em 1984, o que culminou no artigo 32 da Lei 9.605/1998. Atuou na aprovação do capítulo do meio ambiente da Constituição Federal de 1988 e foi a representante das ONGs de proteção aos animais na audiência pública realizada em 05/06/1988 na Câmara dos Deputados, em que foi entregue o capítulo do meio ambiente ao Senador relator. Vem trabalhando para alterar o Código Civil brasileiro a fim de mudar o status jurídico dos animais, para que deixem de ser "coisas".